石平

サブプライム・ローンの恐怖【中国版】

GS

JN263253

はじめに

中国の先行きがまったく見えなくなっている。それを顕著にあらわしているのが、国民によるかつてないほどの政治不信である。

２０１０年は、ほぼ5日に一度の割合で、中国全土のどこかで暴動や騒乱が発生していたわけだが、２０１１年6月以降はさらに加速している。

ご存じの通り、11年7月25日、浙江省《せっこうしょう》温州市《おんしゅうし》で中国高速鉄道の事故が発生した。政府は原因を究明するどころか、なんと現場の土に穴を掘って先頭車両を埋め、証拠隠滅《いんめつ》をはかるという、とんでもない行動に出た。

また捜索活動を終了したあとに、解体する車両から女児が発見されたが、記者からの質問に対し、中国鉄道省の王勇平報道官はあろうことか、

「これは、奇跡です」

などと失言を連発した。政府の事故対応が激しい非難の的になったことは言わずもがなだが、もはや外国人のみならず、中国人でも中国政府を信用する人はいないであろう。

そして8月14日には、遼寧省《りょうねいしょう》大連市《だいれんし》で市民約1万2000人が汚染物質を垂れ流していた石油化学工場の撤去を求め、大規模なデモを起こした。

なぜ暴動やデモが多発するようになったのか。

市場経済が発達し、ネットも普及してくると、社会に言論の自由を求める気運が高まる。それに対し中国政府は徹底した言論統制を行いながら、経済成長に力を入れることにより、貧しくてろくに食べるものもない庶民たちの鬱憤《うっぷん》を逸らそうとしてきた。同時に、不動産バブルを沈静化させるために、度重なる金融引き締めも実施してきた。

しかし11年7月の食品価格は前年同月に比べて14・8％の上昇、豚肉においては同56・7％も上昇してしまうという体たらくである。

エジプトやチュニジア、リビアのような民主化運動を恐れる政府は、食品価格がさらに上昇しないよう、インフレ抑制のための金融引き締めを続行するであろう。しかしながら食料を含めた商品高騰は世界的な流れであるから、過度な金融引き締めは景気を冷やし、住宅バブルを一気に崩壊させることになるのである。

中国政府は、米国発リーマン・ショック後に4兆元（約48兆円）の財政出動を行って景気を回復させようとしたが、一般庶民の生活はほとんどよくならず、貧富の格差は広がる一方であった

11年6月、中国政府が初めて実施した地方政府の財務状況に関する会計検査によると、10年末の債務総額は10兆7000億元（約128兆6700億円）であり、中国のGDP（国内総生産）の3割近くに達していることが明らかになった。中国のめざましい高成長は政府の支出で成り立っていたという、虚構の経済発展が白日《はくじつ》の下《もと》にさらされたのである。

暴動を恐れて金融を引き締めれば締めるほど、バブル崩壊の懸念が頭をもたげてくる。このジレンマに中国政府は頭を悩ませてきたが、とうとう限界に達しようとしている。

中国のバブル崩壊の仕組みは、米国でのサブプライム・ローン問題と同じである。サブプライム・ローン問題の場合も、「土地の値段が永遠に上がり続けるわけはないから、そろそろやばいのではないか」という声はちらほらと出ていた。

それにもかかわらず、バブルの最中にあるときは、誰もが「経済の先行きがあやしくなれば、政府が何らかの手を打つはずだから問題ない」「あと2、3年は大丈夫だろう」と、

バブル崩壊の懸念を打ち消していた。しかし結局、世界中を巻き込むリーマン・ショックが起こったことは、周知の通りである。

「日本は少子高齢化だから経済成長は見込めない。これからは中国だ！」

と威勢よく中国企業と取引することや、投資を考えている人がいるかもしれない。

だがその前に、中国経済の実態を十分に理解したうえで行動しても、遅くはない。

中国では政治的発言は政府から圧力を受けるが、経済問題については、中国人経済学者は自由に分析し、公表できる。複雑極まりない中国経済を理解している彼らの鋭い分析も本書で解説しているので、中国経済本の中では類をみない内容になっているのではないか。

最後に、本書の企画と作成に多大な協力をしてくれた幻冬舎の四本恭子さんに感謝を捧げると同時に、本書を手にとってくださったすべての読者の方々に心からの御礼を申し上げたい。本当にありがとうございました！

２０１１年８月

石《せき》　平《へい》

※為替レートは２０１１年８月25日のものを使用。

【中国版】サブプライム・ローンの恐怖／目次

はじめに　3

序章　中国バブルの崩壊は目前に迫っている！　13

ほとんどの中小企業が経営難に陥っている　13
買い手がつかない膨大な売れ残り不動産　16
中国経済にとっての「諸悪の根源」　17

第一章　ジャブジャブ刷ったカネで溺死寸前　20

「インフレ」を正しく理解しているか　20
製品が余っていても作り続ける、生産過剰な実態　22
紙くず同然のカネを大量に刷り続けるとどうなるか　25
政府高官も認めた「インフレ」の本当の原因　29
中国のマネーサプライは31年間で705倍！　30

いびつな形で成長した経済は必ず行き詰まる 33
日本の「個人消費率」は60%、中国はたったの37%！ 36
最低賃金の増加率は15年間でたった5%未満！ 39
裏づけのないカネが中国を埋め尽くす 43

第二章 本当はリーマン・ショック前から悪化していた中国経済 49

2008年夏、中国経済を襲った「寒波」 49
最高指導部の緊迫した動向が示す、中国の危機的な状況 53
対外依存度が高すぎる 56
48兆円の財政出動が崖っぷち中国経済を救った 61
仰天する放漫融資とその実態 66
インフレに対し、なぜ政府は手を打たなかったのか 69
こうしてインフレの「津波」が襲ってくる 73

第三章　中国不動産バブルはここまで悪化している！　79
不動産バブルはこうして生まれた　79
12億円の賄賂を受けとるという汚職がバブルを膨張させた　82
2008年、不動産バブルは崩壊しかけた　86
不動産バブルはどうやって息を吹き返したのか　91
購買者の8割が不動産を投機用に購入　93
【中国版】サブプライム・ローンの恐怖　97
不動産バブルは善か悪か？　102
第四章　インフレで死ぬか、バブル崩壊で死ぬか　107
毎月金融を引き締めても止まらないインフレ　107
雇用者数の8割を占める中小企業が「倒産ラッシュ」に突入　110
ハードランディングを予測する世界の投資家たち　113
不動産が1年で6割も上昇！　116

北京だけで売れ残り不動産はなんと12兆円分！ 118
経済が崩壊した後の中国はどうなるか 121

第五章 民衆による暴動が止まらない 126

葬儀屋が5名募集したら、500名の大卒者が殺到 126
中国政府の高官が愛人を囲むのは「当たり前」 131
民衆による暴力が「社会現象化」している 134
「暴動大国」の実態に迫る 139
2010年から流行っている「土下座嘆願」 141
ネットが政治力を持ち始めた 144
「中国の指導者は文化を持たない人たちだ」 147
温家宝批判がネットに続々と出現 151
海外に逃亡するエリートと富裕層 155
政府系新聞が地方政府のインチキを暴いた！ 158
「われわれの税金を使って空母を作るな」 161
中国政府に対する市場経済の逆襲 163
局長の罵倒「ぺいぺいには公平は要らぬ」がネットで流布 166

第六章　軍事大国の脅威と恐ろしさ　169

「先軍政治」の恐怖　169
「敵対勢力が中国の発展を阻止しようとしている」　173
着々と「戦争」の準備を進める中国政府　175
小中学生も軍事訓練を受けている　178
国家主席の顔に泥を塗った軍の暴走　180
中国には軍を統制する憲法や法律がない　184
尖閣諸島問題で日本はどう対応するべきだったか　186
尖閣諸島問題は終わったわけではない　190
東日本大震災に中国人はどう反応したか　194
支援を申し出た後に豹変した、中国の裏の顔　197
中国の「3400万人余剰男」と狙われる日本人女性　200

終章　革命前夜　暴走時代の幕開け　204

2011年6月から中国で暴動が多発　204
政府は経済が悪化すればするほど暴挙に出る　206

序章　中国バブルの崩壊は目前に迫っている！

ほとんどの中小企業が経営難に陥っている

２０１１年７月９日、中国国家統計局は、７月の消費者物価指数（ＣＰＩ）が前年同月に比べ６・５％上昇したと発表した。伸び率は６月の６・４％を上回り、２００８年６月の７・１％以来、３年１カ月ぶりの高水準となった。

消費者物価指数とは、一国の経済のなかで、消費者が実際に商品を購入する段階での、小売価格（物価）の変動を表す指数であるが、要は物価の上昇率を計る指数なので、消費者物価指数が高くなれば物価も高くなる、ということである。したがって、中国の消費者物価指数の大幅な上昇は、中国における物価の高騰を示したもので、中国経済は深刻なインフレにあることを表している。

インフレのなかで、食品価格の値上がりはとくに著しかった。７月の食品価格は前年同月に比べ14・8%も上昇してしまい、6月の同14・4%から上昇ペースが加速。豚肉の価格はなんと、同56・7%上昇という驚異的な数値であった。

ギリギリの線で生活している数億人単位の貧困層がいるなかで、食品を中心とした物価が大幅に上がっていくことは、実に深刻な社会問題でもある。インフレがそのまま続けば、政権を危うくするような社会的大混乱が起こるのも時間の問題だ。インフレ一つで、中国の経済と社会の両方は、風雲急を告げる状況となっているのである。

中国政府はもちろん、問題の深刻さをよく知っている。だからこそ、11年に入ってから、「消費者物価指数を4%以下に抑える」との目標を掲げて、インフレを抑えるためのさまざまな金融措置をとってきた。11年の2月、4月と7月に3回にわたって政策金利を引き上げたほか、1月から6月までの半年間、「月一度」という前代未聞の高い頻度で預金準備率の引き上げを行ってきた。インフレ退治のために、中国政府は必死だったのである。

しかし、それほどの金融引き締め政策をとったにもかかわらず、インフレが収まるような気配はまったくない。11年に入ってからの消費者物価指数は上昇する一方で、7月も上述の通り6%台にのぼった。少なくともこの時点において、「消費者物価指数を4%以下に抑える」という中国政府の政策目標はすでに失敗に終わっている。

その一方、11年から実施されている一連の金融引き締め策は、深刻な副作用を引き起こしている。金融引き締めのなかで各金融機関の融資枠が大幅に縮小された結果、多くの中小企業は銀行から融資をもらえず、大変な経営難に陥っている。

6月の中国経済関係各紙を開くと、いたるところに「資金難、中小企業倒産ラッシュが始まる」「長江デルタ、中小企業生存の危機」「温州地域、中小企業が二割生産停止」などのタイトルが踊っている。

これらは金融引き締めの結果、GDPの6割を支える中小企業が苦境に立たされていることを顕著に示している。

実際に11年6月の製造業購買担当者指数（PMI／製造メーカーの原材料調達の担当者が積極的に調達を行っているかどうかを示す数字）は3カ月連続で前月の水準を下回り、2年4カ月ぶりの低水準に落ち込んでいる。メーカーの生産活動が衰えれば、経済の減速も避けられないのである。

経済の減速に対する懸念は、中国国内でも広がっている。11年6月27日、精華大学教授で、中国人民銀行（中央銀行）貨幣政策委員会の李稲葵氏は外国メディアからの取材で「減速の懸念」を表明しているし、経済学界の大御所で北京大教授の励以寧氏は同じ27日、金融引き締め策が継続すれば、中国経済は「インフレ率が上昇しながらの成長率の減速」に直面するだろう、との警告を発している。

これらの懸念や警告は正しい。このままいけば、中国経済は確実に地に落ちていくのである。だからといって、政府は現在の金融引き締め政策を打ち切ることもできない。引き締めの手綱を緩めれば、インフレがよりいっそうの猛威を振るうことになる。政府の抱えるジレンマはとてつもなく深いのである。

買い手がつかない膨大な売れ残り不動産

2011年6月の北京市内の不動産物件の成約件数は、29カ月ぶりの最低水準に落ち込んだ。このように同年春から不動産市場の冷え込みが進んでいるわけだが、市場が冷え込むと、不動産物件の在庫は当然増えてくる。

「21世紀経済報道」という経済専門紙が6月30日に報じたところによると、同年6月現在、北京市内で売れ残りの不動産在庫面積はすでに3300万平方メートル以上に達しており、時価では約1兆元（約12兆円）にものぼっているという。平均的な販売率からすると、北京の不動産在庫を消化するには1年半以上もかかる。

在庫の大量発生は北京だけの問題ではない。上述の新聞記事によれば、武漢《ぶかん》と杭州《こうしゅう》は2年間の販売分の在庫を抱えており、深圳《しんせん》、広州《こうしゅう》、上海もそれぞれ9カ月分、8カ月分、7カ月分の在庫があるという。

売れ残りの在庫を大量に抱えてしまうと、不動産業者の資金繰りが苦しくなる。経済がこのまま停滞すれば、いずれかの時点で、業者は生き残りを図って手持ちの在庫物件を値下げして売りさばくしかない。

それにともなって投機用に不動産を購入している多くの人が、「不動産の価格はもう上がらない」と思って、いっせいに売りに動くはずだ。結果として不動産価格の総崩れが始まるのである。

最近、社会科学院工業経済研究所の曹建海研究員が、「2012年に北京の不動産価格は5割暴落するだろう」と発言したのも、根拠のないことではない。不動産バブル崩壊の予兆はすでに現れ始めている。

中国経済にとっての「諸悪の根源」

中国経済の減速と不動産市場の冷え込みの主な原因は、政府がいま実施している金融引き締め政策にある。

銀行がお金を貸してくれなくなると、企業も不動産もダメになる。そういうことを承知していながら、政府がリスクの高い金融引き締め政策を断行するのはなぜか。

その理由は、冒頭でお話ししたインフレ率の凄まじい上昇である。現在の中国経済が抱えている核心的問題はインフレである。インフレこそが、いまの中国経済にとっての「諸悪の根源」なのである。

こうしたなかで「インフレ」に関する一連の問題は重要な意味を持っているが、中国を襲っているインフレは、いったいどのような性格のものなのか。発生の原因はどこにあるのか。そして中国のインフレは、これからどうなっていくのか。それらはまさに、今後の中国経済を考えるうえでもっとも肝心な問題である。

したがって本書では、まず中国のインフレ問題に焦点をあてて話を進めていこうと思う。中国のインフレ問題について経済に詳しくない人でもよく理解できるように、用語についても詳しく解説を加えながら、本題の「不動産バブルの崩壊」にたどり着く。中国における不動産バブルの膨張は、インフレの亢進《こうしん》（加速）と一蓮托生《いちれんたくしょう》の「問題児兄弟」であり、両者は切っても切れないような関係にある。

インフレ亢進と、その処理の後遺症として、中国の不動産バブルは確実に崩壊していく運命にある。

それはいったい、どのように起き、中国という国全体にどのような影響をもたらすのか。

バブル崩壊後の中国は、いったいどのような結末を迎えることになるのか。

これらについて、次章から詳しくお話ししていこう。

第一章　ジャブジャブ刷ったカネで溺死寸前

「インフレ」を正しく理解しているか

いま中国はインフレの大波に襲われている。２００９年11月以降、消費者物価指数がずっと上昇しているため、食品を中心とした物価が毎月値上げ状態で、庶民の生活を大きく圧迫しているのである。

このような状況において中国政府はいま、金融の引き締めを行ってインフレの抑制に必死になっている。しかし金融引き締めの結果、多くの中小企業が「経営難」になって生産活動が停滞し、それにともなって経済は冷え込み、成長率も低下している。

さらに金融引き締めによって不動産への投資などが減ったことで、中国国内の不動産市場は冷え込んでおり、不動産バブルが弾けるのではないかとの懸念も強まってきている。

中国経済の冷え込みとバブル崩壊の懸念はすべて、政府が実施している金融引き締め政策に起因しているが、それでも金融の引き締めをやらざるをえないのは、インフレの亢進を恐れているからである。

中国経済を破綻寸前にまで追い込んでいるインフレとは、いったい何なのか？

この問題に答えていくために、そもそも「インフレ」といわれる経済現象は、どういうものなのかをお話ししていこう。

野村ホールディングスという証券会社と日本経済新聞社が共同で運営している「man@bow経済について楽しく学べる!!」というサイトは、「インフレ」という言葉について実にわかりやすい説明をしているので、それを引用しよう。

「インフレとは、モノの値段が全体的に上がり、お金の価値が下がることです。
インフレの原因の一つに好景気があります。景気がよいとモノがよく売れて、需要が供給を上回り、モノの値段が上がります（ディマンド・プル・インフレ）。
また、賃金や原料の高騰などで、モノを作るための費用が上がり、モノの値段が上がることがあります（コスト・プッシュ・インフレ）」

ここで注目すべきは、「モノの値段が全体的に上がる」というインフレ現象について、2つの異なったケースが挙げられていることである。

その一つは「ディマンド・プル・インフレ」というもので、好景気のなかでモノへの需要がその供給を上回った結果、モノの値段が上がるというケースである。

もう一つは「コスト・プッシュ・インフレ」と呼ぶもので、原料や賃金などのモノ作りのコストが上がって、それが製品としてのモノの値段を押し上げてインフレになる、というケースである。

現在の中国のインフレは、いったいどちらのケースだろうか。

奇妙なことに、中国のインフレの内実をみてみると、どちらのケースにもあてはまらないのである。

製品が余っていても作り続ける、生産過剰な実態

まず、「好景気のなかで需要が供給を上回る」というインフレのケースをみてみよう。

中国は近年ずっと「好景気」である。しかし意外なことに、「好景気」が続くなかでも、「需要が供給を上回る」光景がほとんど見当たらない。実態はむしろ逆であって、中国経

済はこの5、6年間ずっと「供給が需要を上回る」状況となっている。

「供給が需要を上回る」状況は、すなわち「生産過剰」もしくは「供給過剰」といわれるものであるが、中国経済は2006年の段階からすでに深刻な「生産過剰」になっている。

2006年4月、中国人民銀行天津分行研究処の研究員グループは、中国の「生産過剰」に関するレポートを発表したが、それによると、06年初頭の時点で中国の主要工業品目で軒並み生産能力が過剰になっており、一部には生産能力全体の6割が余剰であるという業界も出てきているという。

主要工業品目のなかで、鋼材の年間生産能力が4億7000万トンに対し、余剰な分は1億トンであり、セメントの年間生産能力が13億5000万トンに対し、余剰な分は3億トンであるという。

もっとも成長が見込まれている自動車産業の場合、2005年末の時点で、現存している自動車工場の年間生産能力の800万台のうち、230万台が過剰となっていた。もう一つの花形産業である通信機器業となると、携帯電話の年間販売量は7000万台程度であるのに対して、生産能力は5億台にも達しているのである。

中国商務部の高虎城副部長（当時）は、06年4月中旬に開かれた関連会議で、「一部の業界では過度な投資を続けた結果、生産能力の過剰さが日増しに深刻化している。鉄鋼、セメント、電力、石炭、紡績などの主幹産業はすべて過剰状態となった」と指摘している。

以上が06年の時点における中国の「生産過剰」の実態であるが、２００７年の年初に中国商務部から発表された統計の数字もそれを裏づけている。それによると06年度において、国内の主要な消費品の7割近くは「供給過剰」になったという。

たとえば、たばこ・酒類などの嗜好品の「供給過剰率」は36％に達しており、薬品類となると5割の品目が供給過剰になっている。

このように経済と人々の生活を支えている中国の重要な産業のほとんどが「生産過剰」になっているのである。

07年から現在においても、このような状況には大きな変化がない。中国経済の「生産過剰」状態は、ほとんど改善されていないのである。

２０１１年に鉄鋼産業やセメント産業の「生産過剰」の問題が再び浮上した。中国政府は11年の1月27日、２０１０年の鉄鋼生産量が９・３％、セメント生産量が15・５％伸びたことを明らかにしたうえで、「まったく使うあてのない、深刻な生産過剰が含まれていた」との見解を示したという。

「生産過剰」の理由は実に簡単である。1978年〜2010年までの間に中国のGDPは平均9・8％のスピードで成長したにもかかわらず、同期間中の物価変動を考慮した個人消費は平均8・8％しか成長していないからである。

その代わりに、中国国内での固定資産への投資（固定資産投資／政府や民間による公共事業投資、不動産投資、設備投資のこと）の伸び率は、1978年からの三十数年間、毎年平均にして25％以上の伸び率で拡大してきた。つまり消費がそれほど増えていないのに、生産能力の拡大につながる設備投資だけが急成長を続けてきたわけだから、その結果として深刻な生産過剰に陥っているのである。

いまの中国経済が直面している深刻なインフレは、決して「好景気で需要が供給を上回った」ことから生じたところの「ディマンド・プル・インフレ」ではないのである。

紙くず同然のカネを大量に刷り続けるとどうなるか

それなら中国のインフレは、原料や人件費などの高騰から生じるところの「コスト・プッシュ・インフレ」となるのだろうか。実はそうでもないのである。

確かに2010年以降のインフレのなかで、中国国内では人件費や工業製品の原材料の値上げ現象がよくみられている。しかしそれらの現象だけをみて、中国のインフレは「コスト・プッシュ・インフレ」であると断言することはできない。

というのも、人件費と原材料価格の上昇は、場合によってはインフレを生み出す原因ではなく、むしろ全体的インフレのなかで生じてきた結果の可能性もあるからだ。つまり、インフレで物価全体が上がっているなかで、人件費も原材料価格もそれにつられて上昇した、ということである。

それでは、中国のインフレをどう判断すればいいのか。

いったんインフレから離れて、インフレを退治するために中国政府のとった、一連の政策措置をみてみよう。すると、人件費と原材料価格の上昇が、中国のインフレの原因でないことはすぐにわかる。というのも、もし原材料価格や人件費の上昇がインフレの原因であるならば、中国政府のとったインフレ抑制策は、原材料価格や人件費の抑制に焦点を絞ろうとするはずだが、実態はそうではない。

つまり、中国政府のインフレ抑制策はすべて、貨幣の供給量を調整するためのものであるから、中国の直面しているインフレは、「貨幣の供給量」と密接な関係があるのだ。

「man@bow」の定義では、インフレのタイプを大きく2つに分けていたが、現実に起きているインフレのタイプを原因別で細分化していくと、「貨幣の供給量」と直接的に関係のあるインフレもあることがわかる。

インフレという現象は、貨幣価値の変動として捉えることができる。インフレはすなわち物価の上昇であることは周知の通りだが、物価の上昇は当然、貨幣の価値の下落を意味するのである。

それではなぜ、貨幣の価値が下落するのか。本来なら、貨幣そのものは紙くず同然で、それ自体に価値があるわけではない。貨幣はむしろモノやサービスと交換できるから、価値があるのである。現代の経済システムでは、企業などの生産部門が付加価値のあるモノやサービスを生み出すと、中央銀行が発行した貨幣の所持者が、モノやサービスと交換する（すなわち買う）のである。

その際、企業の生産部門が生み出すモノ・サービスの価値は、貨幣の価値とは1対1の関係でなければならない。1のモノ・サービスに、1の貨幣が対応するという関係が理想的である。貨幣とモノ・サービスとの間に、1対1という均衡な関係があれば、物価の上昇も起きないし、貨幣の価値が減ることはない。まさに天下泰平である。

しかし、問題は別のところにある。モノやサービスとは違って、貨幣はもともと紙くず同然であるから、それを簡単に増やすことができるのである。

どこの国でも中央銀行は貨幣の発行権を持っているため、何らかの理由で貨幣の発行権を濫用し、造幣局の印刷機を回して大量に札を刷れば、貨幣を生み出すことができる。

しかし、もしモノやサービスの増減とは無関係なところで貨幣だけが増やされ、しかも中央銀行によって市場に供給されてしまえば、経済全体における貨幣とモノ・サービスとの1対1の均衡関係は崩れてしまう。モノやサービスよりも市場に流通している貨幣の方が多くなれば、それはモノやサービスの裏づけのない「空虚な貨幣」、すなわちただの紙くずが増えることを意味するのである。

一般的に「信用バブル」と呼ぶ現象であるが、その結果、貨幣の持つ価値は下落する。そして貨幣価値の下落が、すなわちインフレであることは前述の通りである。

だとすれば、需要や供給、消費などの問題とは関係なく、まったく別のところでインフレが生じる可能性があるのだ。つまり、企業などによって提供されるモノやサービスの量を上回る形で、中央銀行によって貨幣が増やされ、市場に供給されることになれば、それだけ貨幣の価値が減り、インフレが起きてくるのである。

それはすなわち、「貨幣的要因によるインフレ」、あるいは「貨幣の過剰供給によるインフレ」というものである。

いまの中国が直面しているインフレはまさしく、このタイプのインフレなのである。

政府高官も認めた「インフレ」の本当の原因

中国経済の直面しているインフレが、貨幣の過剰供給によるものであることは、一部の中国政府の高官も認めたところである。

２０１０年11月２日発行の「中国経済週刊」の関連記事で、中国人民銀行の元副総裁で、現在全国人民代表大会（全人代）財政経済委員会の呉暁霊副主任は、「過去30年間、われわれはマネーサプライ（貨幣の供給）を急増させることで、経済の急速な発展を推し進めてきた。その結果として、いまのインフレがある」と発言したのである。

中国の国家発展改革委員会の高官も同じような認識を示している。10年11月10日、国家発展改革委員会価格局の周望軍副局長は、中国国務院開設の公式サイトである「中国政府網」での取材のなかで、中国のインフレを生み出した原因を４つに分けて説明したが、その筆頭に挙げられたのが、「貨幣の過剰供給」であった。

全国人民代表大会と国家発展改革委員会は、中国国内では最高レベルの権威ある国家機関として知られている。全国人民代表大会、すなわち「全人代」は中国では「国会」に相当する機関で、国家発展改革委員会は国家の経済運営をつかさどる中枢機関である。全人代の財政経済委員会の副主任である人物と国家発展改革委員会価格局の責任者が口をそろえて、いまのインフレの原因を「貨幣の過剰供給」に帰しているのである。

中国のマネーサプライは31年間で705倍!

中国の「貨幣の過剰供給」とはいったいどういうものか。いままでどれくらいの貨幣が、中国国内で「過剰供給」されてきたのだろうか。

まずは中国政府が公式に発表した一連の関連数字をみてみよう。

経済の専門用語の一つに「マネーサプライ」というものがある。一国のなかで市中に流通している通貨の合計だと定義されているが、簡単にいえば、一国の経済のなかで企業や団体、個人が保有するお金の総量のことである。

中国人民銀行が2010年11月2日に発表した中国の統計によると、10年9月末時点の中国の広義マネーサプライ(M2)残高は69兆6400億元(約837兆円)で、前年同月比19%増となった。一方、10月21日に発表された中国の10年1~9月の名目国内総生産

（GDP）は26兆8660億元（約323兆円）である。同じ期のマネーサプライ対GDP比は約260％に拡大した、ということになっているのである。

一般的に先進国では、マネーサプライとGDPの比は50％から70％の間を推移しており、またバブル経済ピーク時の日本は20％だったといわれている。

それに対して、現在の中国は260％にまで達しているから、貨幣の過剰供給による「流動過剰」（カネ余り／中央銀行によって発行された貨幣の量が、実体経済の需要を上回って過剰となった現象）がいかに深刻なものであるかがわかる。

別の数字もみてみよう。中国政府の統計によると、2009年末時点で33兆5400億元に達した中国GDPの規模は、1978年の3645億2000万元の92倍となったという。しかしその一方、広義マネーサプライは、1978年の859億4500万元から09年の60兆6000億元と、31年間でなんと約705倍に膨らんだのである。

つまり、この31年間で経済の規模が92倍に増大したのに対して、中国国内で供給された貨幣、すなわち発行された札の量は、経済規模の増大の約8倍に膨らんでいたということである。

こうしてみると、過去数十年間にわたる中国国内の貨幣の供給量は凄まじいものであったことがわかる。1978年からの数十年間、中国の中央銀行は紙幣を大量に印刷し、それを洪水のように市場に提供してきたというのが、中国経済の実態だったのだ。

これまでの数十年間、中国政府や中央銀行は何のために、それほどの凄まじい貨幣の過剰供給を行ってきたのだろうか。

ここで、前に紹介した全国人民代表大会財政経済委員会の呉暁霊副主任の発言を思い出してほしい。彼女が「過去30年間、われわれはマネーサプライを急増させることで、経済を急速に発展させてきた。その結果として、いまのインフレがある」と発言したが、中国における貨幣の過剰供給の理由は、まさにこの一言に凝集されているのである。

そう、中国という国は過去数十年間、貨幣の供給の「急増」をもって経済の発展を進めてきたわけであり、貨幣の過剰供給の理由は、まさしく「経済発展の推進」にあるのである。

それはいったい、どういうことなのか。

この問題に答えるために、過去数十年間における中国の急速な経済成長がどのようなものだったのかをみてみよう。

いびつな形で成長した経済は必ず行き詰まる

中国国内では過去30年間にわたる中国の経済成長を説明するのに、「2台の馬車」という言葉が用いられる。「いままでの中国の高度成長を牽引してきた大きな原動力は、2台の馬車なんですよ」ということである。

「2台の馬車」の一つは「対外輸出」であり、もう一つは「固定資産投資」である。つまり、いままでの中国の高度成長を引っぱってきた2つの原動力は、対外輸出と固定資産投資の拡大なのである。

数字をみても、まさしくその通りである。過去三十数年、中国経済の平均成長率は10％前後であったが、2001年にWTOに加入した後の中国の海外輸出の伸び率は、年平均25％以上であった。この十数年間、海外市場でシェアを拡大して中国製の商品を大量に売りまくったため、中国経済は急速に成長したのである。

もう1台の「馬車」である固定資産投資の場合もそうである。中国経済の成長率が10％だったにもかかわらず、過去三十数年間、中国国内の固定資産投資だけは年25％〜30％程度の伸び率を記録してきたのである。固定資産投資の伸びは経済全体の成長の2、3倍になっているから、経済成長の投資拡大に対する依存度が高すぎるという異常事態が30年以上も続いたわけである。膨大な資金を投入して道路や橋を造ったり、工場を建設したり住宅を建てたりして経済全体の成長を引っぱってきたというのが、過去数十年間にわたる経済成長の実態だったのである。

これは歪んだ形での成長であるといえる。つまり中国の経済成長は、国民の消費拡大によってではなく、輸出の拡大（すなわち外国人の消費拡大）と、消費の反対側にある投資の拡大によって支えられたものだから、それはまさに国民不在、政府主導型の「成長のための成長」というべきものである。

中国はなぜ、「輸出」と「投資」という「2つのエンジン」を頼りにして成長を維持しなければならなかったのだろうか。とくに対外輸出は、なぜ中国の成長戦略において重要だったのか。

この問題に対して、中国きっての若手経済学者であり、中国改革基金会国民経済研究所副所長の王小魯氏が2008年9月9日、「国際金融報」の取材で次のように語っている。

「中国では、国民の消費は経済全体に占める割合が非常に低く、それが内需の慢性的不足を招いている。政府は、内需が不足しているなかで高い成長率を維持していくために、あらゆる方法を使って投資と輸出の拡大を図らなければならない。その結果、中国の経済成長は投資と輸出という2つのエンジンにますます依存する構造となってしまった」

投資の拡大には、貨幣の継続的投入、すなわち拡張的財政・金融政策の実施が不可欠であるが、貨幣を投入しすぎると、それが経済の過熱とインフレの到来を招くことになる。現在進行中のインフレは、「まさに2つのエンジンでもって経済成長を引っぱってきた戦略の結果である」と王氏はいう。

「中国経済学界の良心」と称される国務院発展研究センター研究員の呉敬璉氏も、同じような分析を行っている。

呉氏は08年12月6日、北京で開かれたある経済関連のフォーラムで演説を行い、彼の持論ともいうべき「中国経済成長方式欠陥論」を展開した。彼はまず、世界金融危機が中国経済にはかりしれないマイナス影響を与えたことを認めながら、中国経済が外部環境の変化に影響されやすくなっている理由を語った。

それは中国経済における内需と外需のアンバランスである。つまり、長期的に内需の不足に悩まされながら対外輸出に傾斜してきた結果、中国経済は完全に対外依存型、すなわち外需依存型の経済となってしまったのである。呉氏の弾き出した数字によると、2007年の段階で中国経済の対外依存度はすでにGDPの36%を占めているから、外部環境の激変にとくに弱い。だからこそ、「米国が風邪を引けば、中国はただちに寝込んでしまう」のである。

同じ演説のなかで、呉氏は中国経済の抱えるもう一つの「アンバランス構造」にも言及している。それはすなわち「投資拡大と消費不足との過度の不均衡」である。

つまり、慢性的な消費不足のなか、政府は年々投資の拡大を図ることによって高度成長を維持してきたが、その結果、GDPに占める投資の比率は1980年代の30%から現在の45%にまで上昇してしまい、経済は完全に「投資中毒」あるいは「投資依存症」の構造となっているのだ。しかも投資拡大のために、多くの資金が中央銀行から放出されたことからカネ余りとなり、現在のインフレ率の上昇につながった、と指摘しているのである。

以上の2つのアンバランス、すなわち「内需と外需のアンバランス」と「投資と消費のアンバランス」について、呉氏は「中国経済の二重不均衡」と呼んでいるが、この「二重不均衡」こそが、中国経済の抱えるすべての問題の病巣なのである。

日本の「個人消費率」は60%、中国はたったの37%!

中国を代表する二人の経済学者の解説によって慢性的な消費不足=内需不足こそが中国

経済の最大のアキレス腱であること、そして内需不足だから中国経済は「投資」と「輸出」という「2つのエンジン」を頼りにしていかなければならないことが理解できたであろう。

次の問題はすなわち、中国の消費不足はどのようなものなのか、消費不足になったことの理由は何なのかということである。

中国の消費不足は、多くの統計数字によって確認されている。たとえば、一国のGDPに占める個人消費の割合を示す「個人消費率」という数値があるが、米国はたいてい70%程度で、日本の場合は常に60%前後である。しかし中国の場合、2010年度の数字では、わずか37・5%であった。経済全体に占める消費の割合がいかに低いかがわかる。

しかも1991年度における中国の個人消費率は48・8%だったから、それから19年間連続の経済成長のなかで、個人消費の割合はむしろ縮小する傾向にあった。経済が成長すればするほど、庶民の財布のひもが堅くなるという、不思議な現象が起きていたのである。

それはいったいどういうことなのか。

一つの原因は、中国における社会保険システムの不備である。たとえば医療保険の場合、2005年11月に中国政府が公表した資料によると、05年の段階で、都市部住民と農村部住民を含めた国民の85％以上は医療保険（健康保険）に入っていないのである。

２０１１年になると状況の改善はみられるが、国民の大半が医療保険に入っていない状況はいまでも変わっていない。日本人には信じられないような話だが、それが紛れもない現実なのである。

しかしながら経済が成長するにつれ、医療費は高騰する一方だ。上海では一人当たり可処分所得は月２４００元（約2万８０００円）程度であるのに対して、病院へ行く場合は1回の診察ごとに支払う一人当たりの平均医療費は５００元（約６０００円）前後という統計数字が出ている。つまり庶民が病院へ1回診察に行くだけで、月給の約４分の1が飛んでしまうのである。

そうなると一般の庶民が、多少の稼ぎがあってもそれを消費せず、いざというときに備えて貯蓄に励むのは当然であろう。結果として、消費が長期的に低迷しているのである。

消費の低迷をもたらしたもう一つの原因は、極端な貧富の差である。それが国民全体の消費動向にも大きな影響を与えている。人口の20％の低収入層は食べていくのに精一杯だから、娯楽や趣味のために使えるお金は持っていない。一方の富裕層は、その収入分に比して使おうとはしない。その理由は簡単である。彼らの持っているお金はあまりにも莫大すぎるため、ほんの少し使えば満足するからである。たとえばの話だが、百万長者はその収入の半分の50万ドルを消費に使うかもしれないが、億万長者となると、5000万ドルを消費に使ってしまうようなことはめったにない、ということである。

一般的にどこの国でもお金を使う主力となるのは、「低収入層」や「高収入層」ではなく、その中間の中産階級である。したがって消費がもっとも安定しているのは、中産階級層がもっとも厚い国である。

しかし、スイスに本拠を置き世界有数の規模を持つ金融グループであるUBSの試算では、現在の中国において中産階級と認定できる人の数はわずか2500万人程度で、総人口の2%にすぎない。

つまり、中産階級の欠如が中国の消費拡大の足を引っぱってきた要因の一つであるわけだが、一方で消費不足を招いたもう一つの決定的な要因は、中産階級以外の低所得者の消費不足を生み出した中国の「低賃金路線」である。

最低賃金の増加率は15年間でたった5%未満！

中国には馬光遠氏という著名な経済学者がいる。最高アカデミーの社会科学院に勤める経済学博士であるが、2010年5月30日付の「新京報」という新聞に掲載された彼の論文は注目に値する。

「労働力の安さこそ、中国経済のアキレス腱である」と題するこの論文は、海外市場のなかで「中国製」商品の最大の魅力は安さであるが、その背後にはあるのは人為的に抑えられた労働力の安さであると指摘する。それは中国製商品の「競争力の核心」であるが、いままで中国経済はそれを頼りにして海外市場への輸出拡大を図り、高度成長の「奇跡」を生み出してきた。

しかしその一方、労働力の安さが原因で民衆の収入は伸び悩み、慢性的な内需不足をもたらしていると指摘している。

国民収入の伸び悩みの証拠として、次のような数字を挙げている。1997年から2007年までの11年間、中国のGDPに占める「労働報酬」の比率は53・4%から39・74%へと落ちているという。つまり、経済が急成長してGDPが大きく膨らんだが、労働者に支払った報酬の割合はむしろ縮まっている、という現象が起きているのである。

彼はまた、広東省《カントンしょう》にある中国最大の輸出生産地の一つである東莞市《とうかんし》の例を挙げ、一般労働者の収入状況の惨めさを指摘している。それによると、東莞市の最低賃金は1994年の月給350元（約4000円）から2008年には月給770元（約9000円）となったが、この15年間における平均増加率は年率にしてわずか5％未満であるという。同時期における東莞市の平均的経済成長率の3分の1以下であるから、収入の伸びがいかに鈍いかがわかる。

中国全土をみても、一般労働者の収入はたいてい同じレベルであると馬氏は言う。

こうした状況下で国民の消費力が低迷し、内需が慢性的不振に陥ってしまうのは当然である。外需が拡大している段階では、その歪みは大きな問題とはならなかったが、いったん経済事情が変わって外需が大きく減っていけば、問題はただちに顕在化してくるのである。

要するに、いままで中国経済の「奇跡」を生み出してきた「労働力の安さ」が、逆に国内における内需拡大の最大のネックとなってしまい、安い労働力を頼りにした中国の「成長戦略」が自らの首を絞めているのである。

最後に馬氏は、「経済発展のために労働者の収入を低く設定することによって、経済成長までをも犠牲にする悪循環から、われわれはいつ脱出できるのか」と、この問いをもって自らの論文を締めくくっているが、「悪循環から脱出」できるような道筋は提示できていない。

実際に中国の輸出の主力商品は衣類や玩具などの低付加価値のものだから、それを世界中に売りさばくためには「低価格戦略」でいくしかない。中国政府が一貫して人民元の為替レートを低く抑えているのもそのためである。

その結果、中国の製造業を支える都市部労働者や出稼ぎ農民工の賃金は、低く設定され続けることになる。労働者たちの家族を含めた数億人の中国人が長きにわたって低賃金に甘んじてきたことは、中国の輸出拡大と経済成長を支えてきた最大の要素である。

そうすると、消費者としての彼らに消費する余裕がないのは当然であろう。つまり、対外依存に偏った経済成長戦略こそが慢性的な内需不足を招いた最大の原因だが、慢性的内需不足が続くなかで、中国の経済成長はさらに対外輸出に偏っていくという悪循環となっている。

このような状況にあるため、２０００年代以降、中国経済は出口のない袋小路に入っている。構造的な消費不振のなかで高い経済成長率を維持していくためには、固定資産への投資を拡大しなければならないが、その結果、本章の前節で記したような「生産過剰」の問題が生じてきて、供給と需要のバランスがますます悪くなるのである。

このように投資拡大頼みの経済成長はもはや限界であることは明らかだが、それでも投資の拡大を止めるわけにはいかない。消費は依然として低迷しているため、そのなかで投資の拡大をやめてしまえば、経済全体の伸び率は落ち続けることになるからである。失業問題への対策上、中国政府は経済成長率の低下を何よりも恐れていて、なんとしても一定の成長率は死守したい。そのためにはさらなる投資の拡大に依存する必要があり、経済構造のアンバランス問題はいっそう深刻化していくのである。

いってみれば現在の中国経済は、カンフル剤に依存している病人のようなものである。「生産過剰」の問題は２００６年の段階ですでに顕在化しているにもかかわらず、07年の固定資産投資は前年比24・８％の高い伸び率となっている。

「投資」と「輸出」という「2台の馬車」で牽引されてきた中国の高度経済成長は、多くの矛盾と問題を内包している歪んだ成長なのである。

裏づけのないカネが中国を埋め尽くす

このような歪んだ形での成長により、中国経済にとって致命的な問題が生じている。本章の前半で、中国経済が直面している深刻なインフレは、貨幣の過剰供給によって生み出された「信用バブル」としてのインフレであることをお話ししたが、実は中国国内における貨幣の過剰供給、すなわち「信用バブル」は、まさしく「2台の馬車」の成長戦略が生み出した結果である。

それはどういうことなのか、まずは投資からみてみよう。

中国国内の固定資産投資は年25%から30%程度の高い伸び率を記録してきたことは前述の通りだが、これほど驚異的な投資の伸び率が維持されてきたことの「秘訣」は実に明快だ。中国の銀行はほとんどが国有企業だから、政府は毎年、銀行から莫大な資金を引き出して公共事業の投資に回したり、あるいは政府が銀行に命じて企業向けの貸しつけを増加させて、企業の設備投資を助長したりしてきた。その結果、固定資産投資の伸び率は高い水準で推移し、経済の高い成長率も維持されてきたのである。

その反面、三十数年間にもわたって銀行からカネを引き出して投資拡大を続けたことで、中央銀行が発行して市場に放出した貨幣の量は莫大に増え、いわば流動過剰＝カネ余りの発生につながった。つまり、投資のやり過ぎが「カネ余り」を生んだというわけである。

「投資」と並んで中国経済成長のもう1台の馬車である「対外輸出の拡大」も、流動過剰＝カネ余りを生んだ元凶の一つである。

長年にわたって対外輸出を拡大してきた結果、いまの中国の外貨準備高（国家が外貨として持つ資産）は約2兆8473億ドルで世界一であり、「超金持ち国家」となっているわけだが、中国政府の持つ外貨準備高というものは、政府の稼いだお金ではない。そのもとになるのは、中国の国内企業が海外にモノを輸出して稼いだ外貨なのだ。

中国の外貨管理制度の下では、国内企業の稼いだ外貨は企業の手元に入ってこない。それは全部、中国政府（中国銀行）によって買い占められて政府の手元にとどまり、政府が持つところの外貨準備高となるわけである。その代わり、中国政府（すなわち中国銀行）は、輸出企業の稼いだ外貨に相当する額の人民元を発行して、輸出の対価として企業に渡すという仕組みになっている。

この仕組みのなかで中国の国内企業が輸出を行うと、次のようなモノとカネの流れができてしまう。つまり、①企業が輸出することによって中国製の商品、すなわちモノは海外市場に出ていく、②外貨は政府の手元にとどまって、政府の外貨準備高となる、③その外貨分に相当する人民元が銀行から発行されて国内企業の手に渡り、国内市場で流通することになる、というわけだ。

経済的に、このような流れは実に重大な意味を持つ。モノが国外へ出ていって、モノ作りの対価となる人民元だけが国内で流通することは、モノに対する裏づけのないカネ、すなわち空虚なカネが国内で発生することになるからである。

企業が輸出すればするほど、つまり中国全体の対外輸出が拡大すればするほど、モノの裏づけのない空虚な紙幣が国内で溢れてくるのである。

いままでの十数年間にわたって、中国はこのような仕組みのなかで輸出を拡大し続けてきたため、国内では深刻な「信用バブル」、すなわち実体経済において裏づけのない「カネ余り現象」が生じているわけである。

ここまでの話をまとめると、いまの中国経済のインフレの温床となっているのは深刻な「信用バブル」であるが、この現象の発生は「投資」と「輸出」で高度成長を牽引するという歪んだ戦略のもたらした結果にすぎない。

実体経済において裏づけのない「空虚なカネ」の膨らみはどれほどのものかはすでに述べたが、大変重要な意味を持つ数字なのでもう一度記しておこう。

中国政府の統計によると、2009年末時点で33兆5400億元に達した中国GDP規模は、1978年の3645億2000万元の92倍となったのに対して、広義マネーサプライ（M2）は1978年の859億4500万元から、09年の60兆6000億元と、31

年間で約705倍に膨らんだのである。

つまりこの31年間で、経済の規模が92倍に増大したのに対して、供給された貨幣、すなわち発行された札の量は、経済規模の増大の約8倍に膨らんだことを再度強調しておこう。

中国の経済成長はまさに「札の乱発」によって水増しされてきたことが一目瞭然であるが、凄まじいインフレがそこから生じてくるのは当然の結果であろう。「過剰貨幣」は、まったく実体経済の裏づけのない「空虚なカネ」である。「空虚なカネ」がこれほど氾濫すると、当然、貨幣の価値が大幅に落ちてしまうことになり、その結果、インフレ、すなわち物価上昇になるのである。

いま中国全土を襲ってきているインフレという「死に至る病」、その病巣はまさにここにあるのだ。

中国の高度経済成長がいかに歪んでいるか、そしてそれによって貨幣の過剰供給による信用バブルが生じ、現在のような深刻なインフレが起きてしまったことを、ここまでで十分理解していただけたであろう。

しかし、ここには依然として解明されていない問題がある。

本章の冒頭では、現在の中国を襲っているインフレはその始まりが09年の年末であるとしたが、なぜインフレが09年以前ではなく、むしろ09年末から始まったのか、ということである。

というのも、中国のインフレの原因が、数十年間も続いた歪んだ形での成長戦略にあるとすれば、インフレはもっと早くやってきてもおかしくはないはずだが、なぜ09年末になってインフレとなったのか。

いまの中国経済を理解するうえで非常に重要なポイントであるため、第二章でじっくりとお話ししていこう。

第二章 本当はリーマン・ショック前から悪化していた中国経済

2008年夏、中国経済を襲った「寒波」

中国の経済問題に関心のある方ならばご存知だと思うが、2008年9月のリーマン・ショックから拡大した世界金融危機の発生と前後して、中国経済は一時期、失速の崖っぷちに立たされた。

というよりもむしろ、世界金融危機が顕在化する以前から、中国経済の成り行きはすでに危うくなっていたのである。

まず株価の動向からみてみよう。2007年10月には6124ポイントの史上最高値を記録した上海総合指数（上海証券取引所で取引されるすべての株の株価指数、中国の株価を見る指標となる）は、08年に入ってから急速に下落し、08年8月にはとうとう2400ポイント台にまで落ちてしまった。落ち幅はなんと約6割である。

08年8月といえば、鳴り物入りの北京五輪開催の月であったが、いわば「五輪祝儀相場」は完全な期待はずれとなった。五輪開幕式が華やかに行われた8月8日、上海総合指数は121ポイント、率にして4・47%と大幅に下落した。そして、翌営業日の8月11日、上海総合指数はさらに135ポイント続落して、2470ポイントという1年7カ月ぶりの安値になった。中国の株式市場は崩壊寸前だった。

株の急落と同時進行したのは、不動産市場の急速な冷え込みである。上海の場合、08年7月には、上海市内の住宅成約面積が118万7000平方メートルで、前月に比べ30万5000平方メートルも減少し、前年同月比では56・9%も落ち込んだ。北京の状況も同じである。08年7月、同市での住宅販売数は6226件であったが、前年同月より59・7%も減少し、前月比で3割減だった。

販売件数の急落の後にやってくるのが、販売価格の大幅な値下げである。08年8月1日付の北京の地元新聞の「新京報」によると、北京市の新築マンションの中間価格帯の物件価格が、この年の5月以降10~15%も値下がりしているという。もちろん、それからもより大きな値崩れが予想されていたから、中国不動産最大手、万科企業の郁亮総裁にいたっては、8月18日に配信した社内メールで「不動産市場の『厳冬』はすでにやってきた」と悲鳴を上げたことが伝えられている。

中国経済の落ち込みを端的に示しているのは、08年に入ってからの成長率の続落である。07年、中国の経済成長率は史上最高の13％を記録したが、08年第1四半期（1～3月）にはそれが10・6％に落ちた。そして、同年の第3四半期（7～9月）になると、成長率はとうとう9％の1桁成長になってしまい、6四半期連続の低下となったのである。

このような状況のなかで、中国国家統計局の許憲春副局長は08年6月10日に「中国経済週刊」という国内の週刊誌から取材を受け、中国経済はすでに調整期に入っている可能性があり、これから数年間で、経済成長率は下降するだろうとの見方を示した。

この時点で中国経済にとってさらに厄介な問題となっていたのは、成長率が落ち続けるなかでのインフレの亢進である。

インフレの度合いをはかるのによく使われているのは消費者物価指数である。08年3月、中国の消費者物価指数の上昇率は8・3％という異常な高値に跳ね上がった。これを受け、中国人民銀行（中央銀行）の劉士余副総裁は4月12日、「全面的インフレの阻止が必要だ」との考えを示した。日本でいえば日銀副総裁の立場にある人が「インフレの阻止」を強調したこと自体、インフレの進行がすでに深刻な局面に入っていたことの証拠である。

08年7月になると、消費者物価指数の伸びはやや下げて6・3%となったが、インフレの動向と関連しているもう一つの数値である卸売物価指数は、逆に前年同月比10%の上昇になった。その伸び率は6月(同比8・8%)から1・2%拡大して、1996年以来の2桁となっている。

「卸売物価指数」というのは、流通の川上段階で取引される製品の物価を示したものである。一般的に川上段階での物価動向は、時間を置いて、小売店と消費者との間の取引である川下段階の物価に影響を及ぼすため、卸売物価の上昇率が拡大したことは、消費者物価がさらに上昇することを示唆している。中国経済は08年7月から、インフレ到来の予兆が現れていたのである。

通常はインフレが進むなかで成長率も上がっていく傾向にあるが、当時の中国では、成長率が下がり続けるなかでのインフレの亢進となっていたのである。これは「スタグフレーション」と呼ばれる現象で、一国の経済にとっては最悪の事態である。成長率が落ち込んで景気が後退し、さらに失業が拡大して所得が減少しているなか、物価だけが上昇しているとなれば、多くの失業者と貧困者層を抱えている中国にとっては、悪夢以外の何ものでもなかった。

最高指導部の緊迫した動向が示す、中国の危機的な状況

中国経済はいつから問題を抱えるようになったのか。それを解くカギは2008年の夏における中国最高指導部の異例な動向にあった。

北京五輪開催1カ月前の08年7月4日から6日までの3日間、中国共産党政権の最高指導部において経済の運営と関わりのある最高幹部たち、すなわち温家宝《おんかほう》首相、習近平《しゅうきんぺい》国家副主席、李克強《りこくきょう》筆頭副総理、王岐山《おうきざん》副総理の4名は、いっせいに北京を抜け出して沿海地域の広東省、江蘇省《こうそしょう》、山東省《さんとうしょう》などへ出かけて、経済事情に対する「調査研究」を行った。

北京五輪開催の直前に、大会主催の統括責任者である習近平氏を含めた中国の首脳たちが、北京五輪とは関係のない経済分野の「調査研究」にそろって出かけるとは、かなり異様なことであると思うが、ある中国人学者の話によると、中国政府の最高幹部たちがそれほど緊迫した状況で経済問題に関する集団的調査行動を行ったのは、中華人民共和国成立以来初めてのケースでもあるという。

そして、彼らが「調査研究」の対象として訪れたのは、ほとんどが現地の輸出向けの生産企業であることが報道によって判明した。

実はそのとき、輸出向け製造業において大変な事態が起こり始めていたのである。それはすなわち、人件費や石油や石炭などのエネルギー資源・材料費の高騰がもたらした生産コストの急増と、アメリカ経済の衰退が原因で輸出が伸び悩むという二重の打撃を受け、多くの生産企業が倒産・休業に追い込まれていたのである。

当時の中国国内紙の関連報道を調べれば、そのときの緊迫した状況がよくわかる。

たとえば08年6月30日付の「上海証券報道」という経済専門紙は、『ゼロ利潤』が蔓延し、揚子江デルタ紡績業が生存の危機に」という長文の記事を掲載して、上海を中心とする揚子江デルタ地域における紡績・アパレル関連企業の陥った苦境を訴えている。

それによると、たとえば中国最大の紡績生産地である呉江市や紹興県などでは、人民元の値上げ・原材料の価格と人件費の高騰が原因で、6割以上の生産企業はすでに「利益ゼロの経営」の窮地に追い込まれ、多くの企業が工場や機械を売却してなんとか生き残ろうとしている、ということである。

7月10日付の「人民日報」は、「メイド・イン・チャイナはいかにして難局を乗り越えるのか」との記事を掲載し、紡績業だけでなく沿海地域の「中国製」生産企業全体の直面する「難局」について分析を行ったが、冒頭には次のように書いてある。

『メイド・イン・チャイナ』はいまや難局に直面している。今年の前半期の各種の統計数字が示したように、沿海地域の製造業は風雲急を告げている」

この記事によると、08年の1月から6月までの半年間、広東省全省の工業企業の約4分の1が損失決算となり、全体の損失額は5割以上も増加したという。浙江省の台州市という生産企業の密集地域では30％以上の企業が損失決算になったのである。

このような難局の原因として、「人民日報」の関連記事は、「過去30年間において、安い労働力とエネルギー資源により中国製造業は成功してきたが、いまやこのような好条件はすでに失われている」と分析を行った。

要するに、安い労働力と資源コストという2つの「好条件」がなくなると、中国の製造業はただちに「難局」に直面するということであるが、このような分析からも、いわば「メイド・イン・チャイナ」の強さと競争力がどこにあるのかがよくわかる。

最後に、08年7月15日発売の「瞭望新聞週刊」というオピニオン誌の掲載リポートを紹介しておこう。このリポートのタイトルはずばり、「メイド・イン・チャイナを襲った寒流」である。

それによると現在、中国の珠江デルタ（広州周辺）と揚子江デルタ（上海周辺）において、メイド・イン・チャイナの一翼を担う中小企業は寒流に襲われたような冷え込み状態であるという。

江蘇省の場合、この半年間で休業、あるいは半休業に追い込まれた中小企業はすでに全体の3割以上にのぼっている。

中小企業といっても、江蘇省全体の国民総生産の8割以上も占めているから、中小企業の衰退はそのまま、地域経済全体の衰退につながるのである。

それらの中小企業衰退の原因として、このリポートが挙げたのは「人件費やエネルギー資源・材料費の高騰」と、アメリカ経済の衰退などに起因する輸出の伸び悩みである。

中国の安い労働力とエネルギー資源の無尽蔵な供給と、海外市場での需要の増大こそが中国の製造業の成り立つ基盤であるが、それらの状況が少しでも変わると、中国の産業はただちに傾いてしまうのである。

対外依存度が高すぎる

前述の最高指導部メンバーによる「調査研究」の実施とほぼ同じ時期に、中国国内の経済専門家たちも次第に登場してきて、中国経済が減速の憂き目をみているのはなぜなのか、中国経済の問題点と限界はいったいどこにあるのかなどについて、それぞれの立場と観点から語り始めた。そして、指導者たちの「調査研究」の結果と合致した結論は、中国における対外輸出の伸び悩みである。

たとえば2008年7月8日付の「中国証券報」という経済専門紙で、「中国マクロ経済学会秘書長・招商証券社首席経済学者」との肩書きを持つ王建氏は、「中国経済成長の転換点について」との論文を発表し、「曲がり角にさしかかった」という中国経済の現状について分析を行った。そのなかで、「高度成長+低インフレ率」を特徴とする08年までの中国経済成長の「成功」の原因について次のように分析した。

08年までの中国経済は、「高成長+低インフレ率」というもっとも望ましい形で成長を遂げてきた。それができたことの原因の一つは、改革・開放のなかで加速した富の集中である。富が一極に集中した結果、投資資金が潤沢となって企業の設備投資などがさかんに行われた。投資と生産の拡大によって成長率が上昇した一方で、大量の余剰生産品が輸出に回されて、輸出の拡大にもつながった。投資と輸出が中国の高度成長を牽引していく大きな原動力となったのである。

富の集中化は、もう一つの結果をもたらした。富が一極に集中して経済格差が拡大したため、一般国民による消費は抑制されることになるが、それは物価の大幅な上昇の抑制にもつながるから、「高度成長＋低インフレ率」という理想的な状況が作り出されたわけである。

しかし08年に入ってから、この状況は変わりつつあった。人件費やエネルギー資源・材料費の高騰が商品価格の上昇を促した結果、消費者物価指数が急騰して深刻なインフレとなった。その一方で、サブプライム・ローン問題以降の欧米経済低迷の影響を受け、中国の輸出は減少する傾向となり、投資の限界もみえ始めていた。その結果、いままで投資と輸出によって牽引されてきた高度成長は、そのスピードを落とすしかなかったのである。

つまり、「高度成長＋低インフレ率」に取って代わって、「低成長＋高インフレ率」の時代になる、ということであった。

王建氏は論文のなかで、08年に入ってからの対外輸出の減少が中国経済を減速させた大きな原因であると分析しているが、彼と同意見の経済学者は実に多い。

たとえば中央財経大学「政府と経済研究センター」主任の王福重教授もその一人である。

王教授は08年7月10日付の「上海証券報」に「経済下落のリスクを直視せよ」というタイトルの論文を寄せている。そのなかで、「総需要の萎縮が経済減速の主因である」と断じたうえで、「企業投資と不動産投資の縮小」と並んで、「純輸出の減少」が総需要の萎縮をもたらした要因としている。

「中国の近年の高度成長はなかんずく、国外の需要によってもたらされた結果である。国民の消費需要がほとんど増えていないなかで、総需要がむしろ増え続けてきたことの理由はここにある。しかし今年（訳者注、08年）の上半期、人民元の引き上げや米国のサブプライム・ローン問題の顕在化により、国内需要には微妙な変化が生じてきた。輸出は前年同期比で10％も減少してしまい、多くの輸出企業はそれで潰れてしまった」と、王福重教授は分析しているのである。

輸出の減少を中国経済減速の要因だと捉える専門家は他にもいる。たとえばアジア開発銀行中国代表処所属の経済学者の庄健氏は08年7月20日、「世界経済全体が不況に陥ってしまい、中国の対外輸出に大きな衝撃を与えた。その結果、中国の経済成長を牽引してきた原動力の一つが減速した」と語ったことが新華通信社によって伝えられている。上海財経大学金融研究センターの談儒勇副教授も08年7月25日付の「国際金融報」に原稿を寄せ、「08年上半期における輸出の減少とそれにともなう貿易黒字の減少こそが、経済減速の最大の原因である」と言い切っている。

対外輸出の減少と経済との関連性をより深く掘り下げて分析したのは、中国のアモイ大学マクロ経済研究センターとシンガポール南洋理工大学アジア研究所が08年8月に共同で発表した、「中国マクロ経済の予測と分析、08年秋季報告」である。

「報告」ではまず08年上半期における対外輸出の伸び幅の続落を、具体的な数字を挙げて解説する。それによると、08年1月から6月まで、中国の対外輸出は21・9％も伸びたものの、その伸び幅は前年同期比で5・7％落ちた。とくに6月の伸び率の落ちが大きく、前年同期と比べると10％以上も下落して17・6％の伸びとなったという。

数字上のこのような変動を受け、報告は次のように結論づけている。

「現在の中国における経済成長の減速の主な原因は、輸出の伸び率の下落にある。長きにわたって〝輸出〟を頼りにして経済を成長させてきたが、外部の需要の萎縮により、対外輸出が大幅に減少したため、経済成長の減速は避けられない。このような傾向は今後も続くのであろう」

このように、08年に入ってからの中国経済の減速の「犯人探し」にあたっては、国内外の代表的な経済専門家の多くは異口同音に、「輸出の減少」を最大の「ホシ」として挙げていた。前述の中央指導部メンバーによる「調査研究」の結果とも一致しているため、

「輸出が減って経済が落ちた」というのは、その時点における中国経済の真実である。

しかしそのことは逆に、それまでの中国の高度成長が結局、中国商品に対する外部需要の拡大、つまり輸出の継続的伸びを頼りとする「対外依存型」であることを示している。だからこそ、米国のサブプライム・ローン問題の顕在化などの外部環境の変化が起こって外部の需要が萎縮してしまうと、中国経済はただちに減速してしまうのである。

こうしてみれば、「外需の拡大=輸出の伸び」に対する過大な依存は、中国経済成長にとってのアキレス腱の一つであることが明々白々である。何らかの外部的環境変化によって「外需拡大」が止まってしまえば、この国の経済成長はただちに深刻な状況に直面してしまうのである。

48兆円の財政出動が崖っぷち中国経済を救った

輸出の大幅な減少から始まった「中国経済の2008年危機」は、2009年に入ってからさらに拡大した。

09年第1四半期（1月～3月）におけるいくつかの経済指標からも明らかで、たとえば、09年1月と2月の中国の製造業の純利益が前年同期比では37・3%減となったことや、国有企業の売上高総額が前年同期比8・1％減となったことが、09年3月28日における国家統計局の発表によってわかった。いずれも中国における生産活動の停滞を如実に示している。

その時点で中国全土の産業はいっきに冷え込んだのであるが、その原因は08年夏から始まった対外輸出の減少の加速化である。

09年1月、中国の対外輸出が前年比17・5％減となり、08年11月以降、3カ月連続のマイナス成長となった。しかもその減少率は前月より14・7ポイントも拡大しているから、尋常でない急落ぶりである。

翌2月になると、状況はさらに悪化した。輸出は前年同月比25・7％減を記録し、中国が2001年12月に世界貿易機関（WTO）に加盟して以来の減少率となった。生産活動の全面的停滞が現実となり、中国経済は一瞬にして破綻寸前の崖っぷちに立たされたわけである。

それにともなって、09年第1四半期の経済成長率も大幅に落ち込み、6・1％という近年来の最低数値となった。2007年の成長率は13％という最高値を記録したが、そこから半分以上の落ち込みである。

しかし、産業全体の停滞ぶりと比べれば、「成長率6・1％」という数値はそれほど低くはない。失速の崖っぷちに立たされながらも、中国経済はある程度の成長率を維持できた。

それはいったいなぜなのか。

その理由は襲いかかってきた未曾有の経済危機に対処するために、中国政府が08年の秋から迅速に実施してきた巨大な景気対策にある。

08年11月5日、中国国務院は安定した経済成長を維持するための内需拡大策10項目を打ち出した。

内容は低所得者層向けの賃貸住宅の建設促進やインフラ建設、鉄道建設、銀行の融資制限撤廃など広範囲に及ぶもので、2010年末までに4兆元（約48兆円）を投じるという計画であった。

それは日本でもよく報じられた「57兆円景気対策」（当時の為替相場で換算）であるが、香港のメディアからは「中国史上最大規模の景気対策」とも評されている。

この「4兆元景気対策」の使い道の主な部分は、インフラ建設を中心とする固定資産投資である。つまり、財政出動による公共事業投資を拡大することで景気後退に対応するという従来通りの「景気対策」である。

中央政府がその投資計画を打ち出すと、各地方政府はすぐさま、それに便乗してきた。08年11月21日付の「21世紀経済報道」によれば、国務院が「4兆元景気刺激策」を打ち出したことを受け、上海や吉林《きつりん》、浙江、広東などの省・直轄市が続々と巨額の固定資産投資計画を発表した。国務院の計画発表からわずか1週間で、各地が打ち出した投資計画の総費用はすでに10兆元を超えており、しかも投資の分野は鉄道や道路、発電所の建設などの固定資産投資に集中している。

この「4兆元投資計画」と並んで、中国政府の発表した景気対策に「銀行の融資制限撤廃」が含まれていることも注目すべきであろう。それは中国政府が07年の「金融引き締め」から一転して金融の緩和政策に舵を切ったことを意味する。「4兆元投資計画」を円滑に実施していくために、あるいは景気を持ち上げるための資金供給のために政府は方針の大転換を行い、各銀行に大号令をかけて「イケイケドンドン」の融資拡大を進めた。

その結果、09年3月あたりから、中国全土で史上最大の「新規融資放出作戦」が展開されたのである。

同年の4月における中国人民銀行（中央銀行）の発表によると、09年3月、中国の各銀行による人民元建て融資の増加額は、前年同期の約6・7倍となる1兆8900億元（約28兆円）で、単月ベースでは過去最高になったという。

09年の1月から3月までの第1四半期における新規融資放出の総額は、4兆5800億元にも達しており、中国政府が自ら定めた全年度融資限度額5兆元の9割以上を占めている。

つまり、この年の最初の3カ月だけで、1年分の融資枠の9割以上がすでに使い果たされたのである。中国人ジャーナリストの言葉を借りていえば、それはまさに「集中豪雨式の融資放出」であった。

もちろん、「集中豪雨式」の新規融資によって放出された資金のかなりの部分は、「4兆元投資」とともに固定資産投資に注ぎ込まれている。

その結果、09年第1四半期における全国の固定資産投資は前年同期比28・8％の伸びという驚異的な数字となった。それは、同時期の中国経済の成長率より5倍近くも高いという、あまりにも異常な伸び率である。

しかも、第1四半期で新しく着工された建設プロジェクトの投資総額は前年同期比でなんと87％増であり、この時期において凄まじい「建設ラッシュ」が起きたのである。

このように08年夏に中国を襲った未曾有の経済危機に直面し、中国政府は08年の秋から、固定資産投資の拡大を中心とする「4兆元投資計画」と、「集中豪雨式の新規融資放出」という2つの「景気対策」を打ち出し、素早く実施に移した。そのため09年に入ってからの中国経済は破綻の崖っぷちに立たされていながらも、依然として6・1%の成長率を維持することができたのである。

そういう意味では、中国政府の景気対策は「救急」としての効果を大いに発揮することができたといえよう。

仰天する放漫融資とその実態

中国政府は2009年第1四半期の「6・1%の成長率」の達成には満足せず、より高い目標を掲げた。同年3月に開かれた全国人民代表大会で、温家宝首相は09年の経済目標を「8%前後の成長率の維持」(中国語では「保八」という)に決め、この数値目標達成のために全力を挙げることを誓った。

それ以来、「保八」という言葉が毎日のように中国メディアに登場するなど、「8%前後の成長率の維持」は中国にとっての最大の課題となり、09年と2010年、中国政府は

「集中豪雨式の新規融資作戦」を継続して行った。

その結果、09年の1年間に中国の各銀行が企業その他に対して行った新規融資の総額は、2008年の新規融資総額より96％増の9・6兆元（約115兆円）になった。

09年の中国国内の新規融資が、08年と比べると96％も増えたこと、すなわち倍近くに急増したことは、あまり類をみないことであるが、中国経済からみて、「新規融資9・6兆元」という数字がどのような意味を持つ数字なのかが重要なのである。

ここでは09年の中国経済に関する数字、「33・5兆元」について考えてみよう。それは何の数字かというと、実は09年の中国のGDPなのである。

つまり09年に中国経済の生み出した付加価値は33・5兆元（約403兆円）であったのに対し、それを生み出すために供給されていた貨幣の量、すなわち生産部門にとっての借金の量は、その2割以上、むしろ3割に近い巨額の9・6兆元（約115兆円）にのぼったことになる。一国の経済のなかで、銀行からの年間融資の占める割合がこれほどの高い水準に達したことは、間違いなく世界金融史上、前代未聞の異常事態なのである。

「GDP33・5兆元に対して、新規融資総額9・6兆元」、この仰天するような対比は、マクロ経済について多少の知識を持つ人間を卒倒させるのに十分であろう。あまりにも度の過ぎた放漫融資の実態である。

日本の場合と比べてみよう。

同じ09年度、日本のGDPは474兆円程度であったが、それに対して日本企業の生産部門が金融機関から調達した資金、つまり銀行からの新規融資総額はせいぜい30数兆円程度である。要するに生産は474兆円であったのに対して、貸し出しが30兆円強、生産に対する借金の割合は約6・4%であり、これが普通なのである。しかし中国の場合は生産に対する借金の割合は約28%、日本の4倍以上となっている。

10年になっても状況はあまり変わっていない。10年の1年間、銀行から新規融資として発行された貨幣の量は7・9兆元（約95兆円）であった。09年のそれより多少減ったものの、依然として、当年度のGDPの約2割にあたるほどの金額だったのである。

09年と10年の2年間を通し、中国政府はなりふり構わずの「新規融資拡大作戦」を全力でやり遂げ、大規模な「量的緩和」を行った。その結果、この2年間で中国経済は一応「回復」したかのようにみえている。このような形での「経済回復」がごまかしであることはいうまでもないが、それよりもさらに深刻な問題となっているのは、最大規模の放漫融資により、深刻な副作用が生じたことである。

インフレに対し、なぜ政府は手を打たなかったのか

中国政府の度の過ぎた放漫融資から生まれた最大の副作用は、第一章から取り上げているインフレの発生である。それはいま、中国経済の抱えている諸問題の元凶ともなっている。

第一章ですでに詳しくお話ししたように、数十年間にわたる中国の歪んだ経済成長から、「流動過剰」という名の怪物が生み出された。そしてそれが中国経済の抱える「癌」に成長しているのである。

この得体の知れない怪物を退治して経済の健全化を図るためには、中国政府はどこかの時点で金融の引き締め政策を行わなければならなかったはずである。つまり、金融の引き締め政策の断行によって、「流動過剰」を生む最大の原因となる貨幣の過剰供給に終止符を打つ一方、市中に流通している貨幣をできるだけ銀行のなかに回収するのである。

実際、中国政府は2007年の段階からすでに一連の金融引き締め策を取り始めているが、問題を解消するためには、2008年や2009年になってもそれを貫くべきであった。というのも、そのときには「流動過剰」という名の怪物は、すでに肥大化して力を蓄

えていたからである。

しかし、肝心の中国政府は07年からの金融引き締めから一転して、リーマン・ショックを機に、正反対の方向へ走り出した。対外輸出の激減によって失速の崖っぷちに立たされた中国経済を救うために、彼らは前述の通りの史上最大規模の量的緩和、すなわち放漫融資拡大作戦に打って出たわけである。

その結果、09年から10年にかけて、信じられないほどの巨額な貨幣が銀行から放出されたことは前述の通りである。

そうすると、いままで中国経済のなかで蓄積してきた巨大な流動過剰はさらに膨らみ、その溜まりに溜まったエネルギーをいっきに放出する形で猛威を振るい始めた。それが09年末から中国全土でみられたインフレの発生である。

インフレ発生の兆しは09年の半ば頃からすでにみえ始めた。

同年の7月22日、中国人民銀行（中央銀行）は09年に入ってから初めて「インフレの防止」を政策課題の一つに定めた。貨幣の大量供給によってインフレ発生の火種をまいた張本人の中央銀行は、自らの作り出した問題の深刻さに気がついたわけである。

そのときから、中国国内の専門家たちの口からも「インフレ警戒」の大合唱が始まった。

そして、２００９年7月15日に開かれた全国人民代表大会（全人代）財政経済委員会は閉会の後に、当分の経済問題に関する見解を示した。09年に入ってからの放漫融資を「常軌を逸した融資拡大」だと表現したうえで、「今後は融資拡大が引き起こすインフレの危険と、それにともなう金融リスクに十分に留意し、その防止に努めなければならない」と宣したのである。

中国政府の行った「量的緩和政策」が「常軌《じょうき》を逸《いっ》した融資拡大」として批判され始めたのもそのときからであるが、第一章で登場した全人代財政経済委員会副主任の呉暁霊氏も、政府の金融政策の過ちを指摘してインフレの発生に警鐘を鳴らした一人である。

呉氏は09年8月に刊行された全人代機関誌の「中国人大」に寄稿して当面の経済情勢や金融問題などについて論じているが、そのなかで「中国経済の直面している困難は長年の経済成長戦略自体の歪みから生じてきた問題であり、世界金融危機の発生が中国経済の問題点を露呈させただけである」と断じたうえで、経済危機に対処するための政府の金融緩和政策に関して次のような分析を行った。

「経済危機に対処するために、わが国の政府は積極的な貨幣政策をとっているが、それは一定の効果を挙げている。

しかし問題は、政策の行き過ぎにある。あまりにも大量の貨幣を供給してしまったことが問題となっている。今年（09年）上半期の新規融資総額は7・37兆元の巨額にのぼり、マネーサプライの伸び率は28・5％となっている。それは度の過ぎた貨幣の過剰供給というしかない。すぐにでも貨幣供給の増加を抑制しないと、いずれ深刻なインフレの到来を招くことになり、中国経済にとっての災いの元である。

しかしながら政府としては、すぐに金融の引き締めに転じて、銀行からの融資を止めるにはためらいがある。というのも去年（08年）秋から打ち出された『4兆元投資計画』の建設プロジェクトは続行中であり、資金の追加供給を待っている状況だからである。この時点で金融の引き締めをやれば、それらの投資プロジェクトが途中で頓挫してしまうだけでなく、多くの新しい投資プロジェクトの実施は不可能となってしまう。そうすると、中国経済の二番底が避けられないし、いままでの景気対策の効果も台無しになってしまう恐れもある。

わが政府はいま、貨幣政策の執行に関しては大変なジレンマに陥ってしまい、どうしようもない立場にある。

過度な貨幣の供給によって支えられている経済回復は、本当の意味の回復といえないのは確かであろう」

以上は、全人代財政経済委員会副主任の呉暁霊氏の論じた中国の貨幣政策の問題点である。中国政府の実施した「貨幣のバラマキ景気対策」の問題点と矛盾点を余すところなくえぐり出している。

呉氏の指摘するジレンマに陥っているからこそ、09年の半ばからインフレ発生に対する懸念が持ち上がっているにもかかわらず、政府はその防止に何の手も打たなかった。彼らはむしろ、インフレの到来を促すような形で、量的緩和の拡大に向かってひたすら走って行った。

その結果、深刻なインフレの発生はもはや避けられない趨勢《すうせい》となっているのである。

こうしてインフレの「津波」が襲ってくる

このような経緯から発生してきた中国のインフレの実態はどういうものか。それは、過去における中国の消費者物価指数の推移をみてみれば一目瞭然である。

２００９年11月の時点では、中国の消費者物価指数は０・６％であった。このような数字だったら、インフレというよりもむしろデフレというべき事態だったが、それ以降、消費者物価指数は上昇に転じてしまい、うなぎ登りとなった。２０１０年５月になると、消費者物価指数の上昇率は３％を超えて３・１％となったが、中国政府が自ら設定した「インフレの警戒線」は「消費者物価指数３％」であるから、「３％超え」の意味は大きい。つまり中国政府の基準からしても、10年５月の時点で、この国はすでにインフレとなっているわけである。

10年の秋になると、インフレの亢進、すなわち物価の上昇はいよいよ国民の生活を圧迫するほどの深刻な問題となった。

10年11月、政府の公表した最新統計資料によると、10月における野菜価格は、前年同期比で31％増、果物価格は同比17・７％増、住民消費価格指数は同比４・４％増と、いずれも25カ月ぶりの「高水準」を記録している。

国家発展改革委員会（発改会）が発表した10月の都市部食品小売価格調査によると、調査対象となる野菜、果物、食用油など31項目の商品のうち、24項目の価格がそれぞれ９月と比べて上昇している。

そのときから生産側の相次ぐ値上げにより、食用油、酒、インスタントラーメン、シャンプー、洗剤などの販売価格が10％から20％上昇した。こうしたなかで、「価格訂正が間に合わない」と北京のスーパーマーケット店員は嘆き、3人から5人家族の世帯の1カ月の支出が少なくとも数百元は増えるなど、国民は物価高騰で生活苦に直面するようになった。

このように生活をひどく圧迫された一般消費者たちは、ありとあらゆる手を使って節約に励み、日々の生活防衛に必死になった。

日々上がる物価水準に対抗するため、さまざまな節約術が注目を集めた。「中国新聞網」は11月29日、「中国で10年に注目された節約キーワード」として注目された単語10個を紹介し、物価高に対する人々の「対処法」を伝えた。

中国新聞網で紹介された10個の単語の筆頭は、「菜奴《チアイルーロ》」という新造語である。「菜」は現代中国語では「野菜」の意味だが、「菜奴」とは生活必須品である野菜の値段が高騰しているなかで、あたかも「野菜の奴隷」となったかのごとく、より安い野菜を買い求めるために狂奔する人々のことである。その実例として、一番安い野菜を手に入れるために市内を自転車で1日数十キロも走ってすべての野菜売り場を「探検」する主婦の姿や、野菜を買いに行くときにわざと男の野菜行商人を選んで色目を使いながら値引き交渉をするＯＬの話などが紹介されているが、庶民は生活防衛のために必死になっているのである。「菜奴」が続出した10年11月、政府の発表した中国の消費者物価指数は5・1％だった。09年11月の0・6％と比べると、わずか1年間で物価が大幅に上昇し、完全なインフレ状況になったのである。

政府当局はそのときから、行政命令をもって物価の上昇を抑えつけようとする一連の「強硬措置」に出た。その結果、10年12月の消費者物価指数の上昇率が4・6％に下がって政府を喜ばせるような展開となっていたようだが、2011年の1月になると、再び上昇傾向に転じて4・9％となった。

しかも、1月の消費者物価指数の上昇率が4・9％に踏み止まったのも、実は政府による情報操作の結果であった。当局が1月の消費者物価指数を算出する際、価格の上昇がもっとも激しかった食品の占める比率を意図的に引き下げたことで、全体の数値を低めたのである。

姑息な情報操作が行われたことで、インフレ問題の深刻さと、それに対する政府の危機感の高まりが露呈した。数億人単位の貧困層が存在して国民の不満が高まっているなかで、本格的なインフレの発生、つまり物価の暴騰は、ただちに社会的大混乱の発生につながりかねない。中国政府はまさに、それを恐れているのである。

そして、折からの中東革命の発生はまた、中国政府の抱く恐怖感を増幅させた。中国と中東諸国が共通して抱えている貧富の格差の拡大や腐敗の蔓延などの社会問題に加えて、インフレ率の大幅な上昇もまた、中東諸国の革命を引き起こす一因だったからだ。

このような背景下で、中国政府は冒頭に記した一連の金融引き締め策に踏み切った。にもかかわらず、11年の3月になって、消費者物価指数の上昇率は2月の4・9%から再び5%の高台に戻った。そして5月にはそれがさらに5・5%にのぼった。

その時点で、国内の一部の学者からは、今後においてもインフレ率がさらに上昇していき、11年の下半期中には10%台の高い水準になる可能性もある、との予測が出ている。

考えてみれば、「インフレ率が10%台の高い水準になる」ことは決して不思議でもなんでもない。再三指摘しているように、いまの中国を襲ってきたインフレの大波はそもそも、過去30年間にわたる不健全な高度成長の負の遺産なのである。30年間にわたって無理して高度成長を維持してきたことのツケはそう簡単に収まるものでもないし、多少の金融引き締め策によって収拾されるものでもない。インフレ率の上昇は今後も続く長期的な傾向となろう。

しかも海外市場での穀物価格や石油価格は今後さらに上昇していくことは確実で、中国国内の物価上昇が加速していくことも避けられない。

インフレは中国経済を大いに苦しめる大問題として浮上し、その深刻さの度合いを増す一方である。

第三章　中国不動産バブルはここまで悪化している！

不動産バブルはこうして生まれた

中国における不動産バブルの問題を考えるには、不動産バブルがどのように発生したのかを知る必要がある。

１９９８年以前、中国の都市部では住宅というのはたいてい国や国有企業から賃貸の形で「配給」されるもので、個人所有の持ち家は極めて少なかった。しかし98年になると、政府はこうした「住宅配給制度」を廃止して、「住宅制度改革」と称する大改革を断行し、住宅の私有化を進めた。その主な目的は、不動産業の本格的な発展を促して経済成長に新たな原動力を注入することであった。

この新政策が実施されると、中国の不動産市場はゼロからの出発にもかかわらず、みるみる成長していった。中国政府の発表した統計数字によると、98年から２００７年までの

10年間で、全国における商品住宅の販売面積が年平均で25％の伸び率を記録した。

その結果、中国国民の住宅事情は急速に改善した。都市部住民の場合、２００６年末の時点で住居私有率（日本でいう持ち家率）が80％に達しており、一人当たりの平均住居面積は26平方メートルを超えている、と中国のメディアが政府関係の統計に基づいて報じている。

不動産投資の継続的拡大は銀行からの融資に頼ったものであるが、07年9月14日付の「経済参考報」が政府筋の情報として報じたところによると、中国の各商業銀行の「不動産業に対する融資～不動産業者への開発融資と住宅購買者の個人ローンに対する融資の両方を含む～」の総額はなんと、98年の４００億元（約４８１５億円）から、07年6月の４・３兆元（約61兆円）にまで膨らんだという。つまり、たった10年間で、銀行からの不動産投資全体への融資額は１００倍以上も増えたことになる。

この数字をみただけでも、98年からの10年間で、中国の不動産業がどれほどの凄まじい発展を遂げたかがわかるだろう。

政府の思惑は見事に実現し、中国の不動産業は大発展を遂げた。中国全体はまさに「世紀の大普請」の工事現場となったのである。しかも、不動産業の急成長は、建築業・鉄鋼・セメントなどの主幹産業の成長を促すから、不動産業の発展こそが、中国の高度経済成長を牽引してきたといえる。

中国政府の公表した数字では、98年からの10年間、不動産業と建築業は経済成長に対して平均20％ほどの貢献をしており、毎年のGDPの10％近くを占めている。中国の経済成長は不動産業の発展と繁栄なくしては成り立たないのである。

不動産業の急速な発展と繁栄が、史上最大の不動産バブルを生み出すことになったわけだが、07年の段階から、不動産バブルの膨張に対する警戒の声は国内から上がっていた。

たとえば07年1月に発表された中国社会科学院の研究報告が、「全国の不動産価格のバブル化は憂慮すべき事態である」との懸念を示したのに続き、同年の夏には高名な若手経済学者で中国社会科学院金融研究所の易憲容研究員が、不動産価格の高騰について「これは間違いなくバブルであり、必ず崩壊する」と発言して大きな波紋を呼んでいる。

「中華工商時報」という新聞も07年7月3日付の掲載記事で「北京の不動産は実際の価値より暴騰しているから、不動産投資のリスクが増大している」との警告を発しているのである。

専門家からの警告だけでなく、中国の一般庶民の間でもバブルに対する共通認識が形成されつつあった。「中国青年報」が07年1月に行った世論調査では、96・8%の回答者が「中国の不動産はバブルである」との認識を示したとの調査結果が出ている。

そのときから中国における不動産バブルの存在は否めない事実として認識されていたのである。

12億円の賄賂を受けとるという汚職がバブルを膨張させた

中国の不動産バブルが膨らんできた原因は何だったのか。

その謎を探るための手がかりは、2008年に中国の江蘇省で起きた2つの汚職事件にある。

一つは、08年9月27日の新華通信社（電子版）の配信記事によって報じられた収賄事件である。当事者は江蘇《こうそ》省《しょう》常州市の元副市長である張東林であるが、彼の収賄《しゅうわい》はほとんど不動産関連のものであった。

中国の場合、不動産開発業者は何らかのプロジェクトに着手する場合、まず政府関係部門に申請して許可をもらわなければならないが、その審査権は各地方の都市建設担当の副省長や副市長クラスにある。張東林が常州市の副市長を務めていたときは、当然この審査権を持つ立場にあった。

不動産開発に必要な土地は、たいてい政府からその使用権を譲渡してもらうことになっている。どの業者にどれくらいの値段で譲渡するかを決めるのも副市長の権限だから、張東林が手にしていた利権はあまりにも大きい。

実際に張東林はプロジェクト許可権と土地譲渡権を笠に着て開発業者たちから大量の賄賂を受け取り、さまざまな利便の提供を受けるなど汚職まみれであったという。後に汚職罪で追及される身となったが、彼は副市長在任中の数年間、17名の業者から2700万元(約3億2500万円)の賄賂を受け取っていたという。その間、彼の手によって許可された開発プロジェクトは30件以上にものぼるが、それらはすべて彼の汚職とかかわりのあるものだった。

張東林の歓心を買うために、業者たちは現金の賄賂を贈る以外にも、あの手この手を尽くしていた。当初は毎晩のように彼を市内の高級レストラン・クラブで接待していたが、副市長の立場上、いつもそんな所に出没しているとまずいことになる。そのため業者間で相談し、張東林接待専用のレストラン兼クラブを建てていたという。

賄賂を受け取ることで富豪となった張副市長は愛人2人を囲う身となったわけだが、

「あいつらに家を買ってやりたいな」という張副市長の呟き一つで、業者たちは新築マンションに家具・家電をつけて2人の愛人それぞれに「プレゼント」したという。

張東林の息子までもが贈賄の対象となり、ある業者から一度で38万元を受け取った、とも報じられている。

まさに小説のネタになりそうなほどの愛人・家族ぐるみの汚職っぷりなのである。

08年10月23日、新華通信社（電子版）は張東林の場合と類似した汚職事件を報道したが、それは奇しくも、同じ江蘇省にある蘇州市の、同じ副市長の立場にある幹部の汚職であった。

蘇州《そしゅうし》市の都市建設・交通・不動産開発を担当する前副市長の姜人傑は、地元の5つの不動産開発業者から1億元（約12億円）以上の人民元と5万香港ドルの賄賂を受け取り、その見返りとして業者たちに多くの便宜を図ったわけだが、これも典型的な「不動産汚職事件」の最たる例である。

この2つの事件は氷山の一角に過ぎず、中国の場合、不動産開発の裏には必ずや汚職の影があることは、中国で生活している人は誰もが知っている。

このような「不動産開発＝汚職利権」のいびつな構造が不動産価格を高騰させ、不動産バブルの膨張に大いに「貢献」してきた一因でもある。

前述の張東林の汚職を伝えた新華通信社記事が、不動産開発業者への取材を通して、このカラクリを明らかにした。

某開発業者の話によると、不動産開発をやるとき、全体コストの平均2割くらいを政府関連部門担当者に賄賂として渡すという。

一つのプロジェクトの工事が始まるまでに、政府関連部門による「5つの許可書」と「20個の捺印」が必要となる。関連する政府部門は、国土局・建設局・交通局・環境保護局・衛生局・消防局・公安局などの十数の部門。すべての部門の担当者にそれなりの「袖の下」を渡さなければならないから、賄賂は莫大な額となる。張東林のような副市長クラスへの賄賂はなかでも一番大きな金額になるわけだが、それだけでは問題の解決にならない。下っぱの各担当者のところへも、それなりの賄賂金を持って行かなければならないのである。

不動産開発のコストはこうして膨らんでいくわけだが、それが不動産の販売価格に反映され、結果的に価格の高騰に繋がるのである。

新華通信社の記事のなかで、南京大学教授の葛揚氏が「わが国の政府はいままでの2年間にわたって不動産業の過熱を引き締める政策をとってきたにもかかわらず、不動産価格は暴騰を続けている。その主な要因は不動産開発にかかわった汚職の多さにある」とコメントを寄せていた。

この指摘通り、中国における不動産価格高騰の一因にこうした「不動産開発＝汚職利権」の問題があるため、不動産バブルは常識をはるかに超えた規模で膨張してきたのである。

2008年、不動産バブルは崩壊しかけた

このような形で膨らんできた中国の不動産バブルは、実は２００７年の秋頃に、崩壊の兆しをみせたことがあった。

07年10月、経済成長の最前線である深圳市の新築マンションの販売件数は、９月と比べて５割減少し、業界に衝撃を与えた。それ以降、深圳の不動産価格は下落する一方だったが、２００８年９月になると、深圳市内の不動産平均価格は07年10月と比べて３割程度も下がったと報じられた（「上海証券報」08年10月20日付関連記事）。

深圳での価格下落の動きは、08年の春には近隣の経済大都市の広州にも波及した。08年

3月26日に配信された新華通信社広州支局の関連記事によると、同年2月、広州市の中心部を占める10の市区で、不動産の平均価格は07年12月の価格と比べて29％も落ちたという。広州と並んで広東省の経済大都市に成長した東莞市でも同じ現象がみられた。08年3月3日付の「南方都市報」の報道によると、2月下旬から東莞市でマンション物件の「投げ売り」が始まり、マンション物件の平均価格は1平方メートル当たり4000元台に下げられた。もっとも高かった07年7月の6800元程度と比べて、下落率は約3割である。

華南地方の珠江デルタ地域（深圳・広州周辺）から始まった不動産の値崩れが全国的な広がりをみせたのは、皮肉にも「中国の発展と繁栄の象徴」とされた北京五輪開催の前後であった。

そこから始まった不動産バブル崩壊のプロセスは、まさに「音を立てて崩れていく」という表現にぴったりだが、新聞記事のタイトルでたどっていくと一目瞭然である。

08年6月5日、中国の各メディアは一つの重大な意味を持つニュースを伝えた。中国国家発展改革委員会が近日にまとめた報告書では、「中国の不動産価格はすでに下落に転じ、今後は40％程度の下落がみられるだろう」と予測した。中国の中央官庁が下した、不動産バブル崩壊の「ご宣託」のようなものだったのである。

翌7月には、上海の不動産価格は前月比で24％も急落し、過去3年で最大の落ち幅となった（「上海証券報」08年9月5日付）。

同じ時期、広州での不動産価格も下がりつつあった。08年8月28日付「南方日報」が伝えたところによると、広東省広州市国土房管局は8月27日、08年7月の同市新築住宅の平均価格が1平方メートル当たり9122元だったと発表した。6月から1平方メートル当たり447元下落しており、08年に入って最低の価格を記録したという。高値だった07年10月からは21％下落したことになる。

8月には中部の大都会である武漢市の不動産市場で、販売件数と価格の両方が同時に急落したことが08年9月3日付の「武漢日報」で報道された一方、中国有数の不動産開発大手である万科集団公司は、「名月の中秋・特別販売キャンペーン」の名目で、上海・南京・杭州などの都会で新築マンション分譲価格の値引き作戦に打って出たとも報じられている。

また、広東省広州市国土房管局は9月28日、08年8月の同市10区を対象とした新築住宅の平均価格が1平方メートル当たり9078元だったと発表した。前月の9122元から0・5％下落し、08年に入ってからの最低記録をさらに更新した。

9月になると、中国の不動産バブルの崩壊に関するさらなる悲観的な予測が出た。中国の保険大手である中国人民保険集団公司傘下の中国人保資産管理公司が、24日に北京・清華大学で行われた学会で、「中国の住宅価格は今後10年以内に50％下落する」との内容の研究報告を行ったと報じられた（08年9月25日付「北京晨報」）。

そして10月、不動産の値崩れは五輪開催地の北京を襲った。「中国経済網」という経済専門サイトが10月16日に配信した記事によると、北京の不動産市場では熾烈な「価格戦」（すなわち値引き合戦）が展開されているという。そのなかで、分譲価格の「3割引」を打ち出して販売競争に打って出る業者もいれば、2階建て住宅の2階部分を、ただで「プレゼントする」という奇手で販促を行う業者もいたという。中央テレビ局近くに立地するある新築物件の分譲価格が、1平方メートル当たり2万2000元からいっきに1万5000元に引き下げられたというケースも出ている。

10月13日に、新華通信社（電子版）も北京の不動産市場の動きを詳しく伝える記事を配信した。

それによると北京市で不動産価格の値下げが拡大しており、中心地区では15％程度の物件が大幅値下げセールを実施、最大71万元（約855万円）の値下げ例もみられたという。

あるデベロッパーは、自社物件の値下げ幅は10万～70万元（約120万～843万円）と話す。値下げを公にしていない物件も相当数あるという。

こうしたなかで、物件の販売不振は仲介業界を直撃している。北京市の大手不動産仲介業者・北京中大恒基房地産経紀有限公司は、最盛時には580店舗をもっていたが、07年末からこれまでに200店舗以上を閉鎖、現在は300店舗あまりに減少した。北京市全体では同期間中に仲介業者800店舗程度が店を閉めたと推計され、閑散期となる冬をいかに乗り越えるかが業界の現在の大きなテーマとなっていると前述の新華通信社（電子版）記事が締めくくっている。

08年10月30日、中国銀行国際金融研究所が関連の研究報告を発表し、「2年以内に全国の不動産価格は平均して10％下落し、最大では30％下落するだろう」と予測した。

11月3日、北京の地元紙である「北京晨報」は「8割以上の分譲物件が値下げ、北京不動産市場は総値崩れの様相」との記事を掲載し、北京の不動産市場はすでに総値崩れの時期に入ったと指摘した。

同じ日に、「中国証券報」は中国建設銀行研究部の研究報告を掲載した。それは、08年の第3四半期における中国の不動産市場低迷に対する分析から、今後の動向を予測したものであるが、「全面的な値崩れは今後の不動産市場の傾向となる」ということであった。
つまり、これから不動産価格の「総値崩れ」に見舞われるのは北京などの局地ではなく、中国全土だということである。

不動産バブルはどうやって息を吹き返したのか

上述のように、２００７年秋から２００８年秋にかけて、中国全土では不動産価格の大幅な下落が起きてしまい、一時は、不動産バブルの崩壊が現実味を帯びた。国内の専門家や業界関係者もいっせいに不動産バブルに見切りをつけようとしたのである。

しかし驚くべきことに、翌２００９年の春頃になると、失速寸前の不動産業は突如息を吹き返して拡大路線に戻り、下火となった不動産バブルが再燃して、史上最大の勢いで膨張してきたのである。

後になって国土資源部（省）の公表した統計数字によると、09年には中国全土の不動産平均価格は25・1％も伸びた。上海・北京・深圳等の6つの大都市に至っては、09年の1年間で伸び率がなんと60％にも達したと「人民日報」の関連記事が報じた。

不動産バブルは、単によみがえっただけではなかった。さらに勢いを増し、繁栄の最盛期を迎えることになった。たった1年間でこんなにも不動産価格が値上がりするとは、世界中のどの国も経験したことのない不動産バブルであろうが、２０１０年に入ってからも、不動産価格急騰の傾向は依然として続いていた。

国家統計局が10年4月14日に公表した数字によると、この年の1月〜3月、中国の70の大中都市での不動産価格は月平均10％程度の伸び率を記録したという。それに先立って、中国国土資源部は3月31日、「中国の不動産バブルはすでに深刻な水準に達している」との見解を示した。

実際、中国での09年における不動産購入額は、年間個人消費総額（12兆元＝約１４４兆円）の半分の約6兆元（約72兆円）にものぼっており、バブルの凄まじさがうかがえる。

しかしながら、なぜ死にかけた不動産バブルが、こうも簡単によみがえるのだろうか。

実は、崩壊寸前の不動産バブルが09年になって奇跡的に生き返った理由は、本書の第二章で記述した、09年から中国政府が行った大盤振る舞いの放漫融資にあったのである。

08年秋の世界金融危機の発生以降、その影響で、中国経済の最大の牽引力である対外輸出は大きな打撃を被った。これまで毎年25％以上の伸び率を記録してきた対外輸出は、09年になると16％のマイナス成長となり、輸出関連企業を中心とした全国の中小企業の４割程度が潰れた。危機に立たされた中国経済を救うために、中国政府は09年初頭から、世紀の大博打ともいうべき「金融緩和政策」を実施した。その結果、09年通年の国内の新規融資額が前年比96％増の約9兆6000億元（約115兆円）に膨らんだのは前述の通りである。

このような放漫融資はさまざまな深刻な副作用を生んだが、そのもっとも大きな問題が、さらに膨れ上がった不動産バブルである。国務院発展研究センターの調査でも、09年の新規融資の約3割が不動産投機に流れたと発表した。

実体経済の急落を食い止めるために行った放漫融資の多くが不動産投機に流れた結果、実体経済とは無関係のところでバブルだけが膨らんだわけで、09年における中国の「経済回復」の内実は、このような歪んだ構図の上に成り立った虚像にすぎないのである。

購買者の8割が不動産を投機用に購入

さて、ここでの一番肝心な問題は、2009年の新規融資の約3割が不動産投機に流れた理由だが、北京大学商学院教授の頼偉民氏は09年後半を通して、全国60都市、150の不動産物件の販売状況の現地調査を行い、その実態の解明に努めた。その調査の結果はなかなか興味深いものである。

「09年の経済情勢は決して芳しくないのに、どうして不動産市場だけがこれほど繁栄しているのか」というのが調査に乗り出す頼教授の問題意識だったが、調査結果から引き出された彼なりの結論とは、「実体経済の状況がよくないからこそ、不動産市場が繁栄してバブルが膨らんだ」というものである。

まず頼教授の調査結果によれば、2009年の不動産バブルを支えた購買者の約8割は、住むためではなく、投資のために不動産を購入したことがわかった。

頼教授の「なぜ不動産投資なのか」という質問に対して、多くの個人投資家や購入者から返ってきた答えの大半はこうである。

「物価が上がっているなかで、お金を銀行に預けたままでは価値が下がっていく一方だ。不動産物件を購入すると、これからもどんどん値が上がるから資産が確実に増える。いまの経済状況下では、不動産を買う以外によい投資先があるわけでもない。不動産を買うのは黄金を買うのと同じだ」

つまり、物価の上昇が進行しているなかで、人々にとって不動産投資こそが資産を増やすもっとも有効な手段となっていること、そして実体経済全体の不振で他に魅力的な投資先がないことが人々を不動産投資に走らせていることがわかったのである。

そういう意味で、実体経済が芳しくないことが、不動産業の「繁栄」の理由であったといえる。そして、多くの個人投資家たちが不動産投資に参入してきた結果、09年の新規融資の多くが「住宅ローン」として不動産市場に流れたわけである。

新規融資が不動産市場に流れたルートは他にもある。頼教授が調査のなかで指摘したもう一つ重要なことは、09年以降、大量の資金をもって不動産投資に参入してきた人々には、中小企業の「元経営者」が非常に多かった点である。彼らの多くは、２００８年の世界同時不況以前にはアパレルや玩具などの輸出産業で企業経営をしていたが、不況後に中国を襲った輸出不振のなかで会社を畳《たた》んで業界から身を引き、企業の売却金を元手に銀行から金を借りて、不動産投資に参入してきたのである。

「いまのご時世では企業経営しても損するばかり。やはり不動産投資が一番だ」と、頼教授に向かってこう言うのである。

企業を経営する傍ら、不動産投資に熱中する経営者もいる。そういう者たちの語った不動産投資の実態も恐ろしい。

「私は製造業の企業経営をしており、普通に生産活動を行っている。しかし、それは利益を得るためではない。むしろ生産すればするほど損することになる。ならば、なぜ生産活動を行っているのかといえば、銀行にみせるためだ。ちゃんと生産しているところを銀行にみせることによって、銀行から融資を引き出すのだ。引き出した融資をどう使うのかはこっちの自由だが、当然、全額不動産投資に使ってしまう。モノを作って売るより、儲けが全然違うからだ」と。

頼教授の調査で明らかになったいくつかのケースから、中国経済の真相がわかるだろう。08年の世界金融危機以来、実体経済はずっと不振のままだから、元経営者も現役の経営者も、そして一般の個人投資家も競って不動産投資に参入し、不動産バブルを膨らませてきたのである。そして、不動産バブルの膨張は、実体のともなわない「経済繁栄」の虚像を作り上げ、経済成長を支える要素となっているのである。

そういう意味では、経済成長率8・7%となった09年の中国の「経済回復」も、経済成長率11・9%を記録した2010年第1四半期の中国の「経済繁栄」も、結局は不動産バブル膨張の結果にすぎない。いまの中国経済はバブルによって支えられ、バブルの上に成り立っているのである。

【中国版】サブプライム・ローンの恐怖

２００９年の春から再燃の兆しをみせた中国の不動産バブルは、夏頃になると凄まじい勢いとなった。史上最大の不動産投資ブームが中国全土を席巻したのは、まさにそのときからである。

09年7月29日付の香港紙「大公報」の掲載記事は、当時の中国本土での不動産ブームの実態を見事に描いている。以下に一部を抜粋した。

「今年に入ってからのわずか半年間で、不動産市場には大逆転ともいうべき激変が起きた。どん底に陥ったはずの市場はいきなりよみがえって熱気に溢れるなど、かつてないほどの繁栄ぶりだ。人々は自由市場で白菜を買うような感覚で物件を買いあさり、新規分譲の販売店の前で数千人が列に並んでいる光景があちこちでみられる。物件の成約件数は爆発的な伸びをみせ、不動産の価格もまさにうなぎ登りである。

不動産市場はすでに理性と冷静さを失った賭博《とばく》の場と化している。開発業者は博打《ばくち》しているし、銀行員も博打している。購買者もまた、博打しているのだ。中国経済全体が博打のゲームに巻き込まれている様相である。開発業者は天文学的な大金を注ぎ込んで土地を買ってプロジェクトを進め、銀行は住宅融資を湯水のように放出し、バブルを支えている。実体経済が落ち込んでいるなか、製造業からサービス業まであらゆる業界の大中小企業は本業を忘れたかのように、一夜にして「不動産開発業者」に変身してしまい、猫も杓子もいっせいに不動産開発に手を出している。

業者と銀行は協力してバブルを膨らませ、そこから莫大な利益を手に入れようとしている。そのなかで不動産価格の無限なる上昇を固く信じ、私営企業の経営者、銀行や企業の高級管理層、公務員と学校の教師等々、この国で中流階級以上と思われるほとんどすべての人たちが気でも狂ったかのように不動産投資に向かって走り出した。銀行から借金して3〜5件、あるいは十数件の不動産物件を買い込み、値が上がった後の一攫千金《いっかくせんきん》を夢みているのである。

業者をはじめ、銀行や個人など、このマネーゲームに参加しているすべての人々にとって、将来的に不動産価格が上昇していくこと、そして不動産価格が絶対に下がらないことが前提条件である。彼らの勝算と希望のすべてはこの一点にかかっている。彼らにとって、不動産価格が下がらないことが命綱なのである。

しかし中国の不動産価格は、はたして永遠に上昇していくのだろうか。落ちることはないのだろうか。いったん落ちたらどうなるのか。それこそが肝心な問題なのである」

中国の不動産バブルの実態に関するその迫力の描写には、筆者も鳥肌の立つ思いである。この「大公報」記事掲載の翌月となる8月に、中国本土に住むもう一人の専門家も、不動産バブルの異常な膨張に対する強い警告を発している。

09年8月29日付の「人民日報海外版」に中国社会科学院金融研究所研究員の易憲容氏が寄稿してバブル問題を論じているが、そのなかで彼は、09年春からの不動産バブルの「2つの特徴」について次のような分析を行っている。

それによると、09年の不動産バブルの特徴の一つはすなわち、投機的需要が実際の消費需要を上回ってバブルを支える最大の原動力となっている点である。つまり、住むために買う人よりも、投機のために不動産を買った人が多いので、「投機的購買欲」が結局はバブルを支えることになっている、ということである。

易氏の試算によれば、現在の不動産需要のうち、消費的需要が4割程度であるのに対し、投機的需要は実は6割も占めているという。

「中国の不動産市場はすでに、正真正銘の投機市場となったといってよい。バブルはまさにこのような投機的需要から生まれたものである」と易氏は断言するのである。

それでは投機的資金はいったいどこからくるのかという問題になるが、実はそこにこそ、いまの不動産バブルの2番目の特徴がある。

易氏曰く、いまの不動産投機を支えているのは「銀行からの無制限な融資拡大」であり、「無制限な融資拡大によって支えられているバブル」というのが、その特徴である。

そこで易研究員は、米国のサブプライム・ローンを分析し、上述の2つの特徴を持つ中国の不動産バブルと米国サブプライム・ローンとの類似性を指摘した。そのうえで彼は、「中国で膨らんでいる最中の不動産バブルは、まさしく中国版のサブプライム・ローンである。われわれは中国発金融危機の出現を大いに警戒しなければならない」との警告を発したのである。

易氏がこのような警告を発したのと同じ8月、中国国家統計局という国家機関も「不動産バブルの崩壊にともなう金融危機の発生」について憂慮の声を上げげた。8月4日、統計局は自局開設のサイトに論文を掲載し、「不動産価格の暴騰は金融危機のリスクを増大させた」との見解を示した。

この論文によると、09年の上半期（1月〜6月）において、中国の各銀行が不動産開発業者を対象に行った新規融資は5381億元（約6兆4000億円）にのぼり、前年同期比では32・6％増であり、個人住宅ローンに貸しつけた融資額は2829億元（約3兆4000億円）で前年同期比63・1％増であるという。しかも全国の不動産開発会社の大半は自己資金率が低く、経営は銀行からの融資に過度に頼っている。不動産開発業者は平均して賃金の約50％を銀行融資に依存しており、大都会の一部の大手開発業者にいたっては、開発資金の8割以上を銀行からの融資に頼っているという。

こうして不動産業者はリスクの大半を、実質的に銀行に肩代わりさせているのである。論文はまた、不動産バブルの膨張によって中国の産業構造のバランスが完全に崩れたことを論じている。つまり、輸出の激減と生産過剰がもたらした実体経済の深刻な不況のなかで、大手企業を含めた多くの生産メーカーは急速に本業の製造業から離れた。そして折からの不動産価格の暴騰と不動産市場の繁栄に対し、彼らは多大な期待を抱いた。不動産業者の暴利にたかられる形で、中国石油化工業団公司や中国電力公司などの超大型国有大企業から、「中国の松下」とも呼ばれる最大の電器メーカーであるハイアール公司までが、大事な資金をはたいて不動産開発業に参与していたのである。

しかし、このままでは中国の産業は徐々に不動産業にシフトし、「不動産一極集中」のような歪んだ産業構造となってしまう。この構造下で、不動産業の繁栄がいったん終息してしまうと、中国の産業はかなり危ない状況に立たされるのである。

「そういう意味では、不動産バブルの膨張は金融システムを『人質』にしたのと同様、中国の産業全体をも『人質』にしているわけである。不動産バブルが崩壊したら、人質となったこの国の金融も産業も無事ではいられない。バブル崩壊の道連れになり、共倒れとなる可能性は大である」と記事は締めくくられている。

不動産バブルは善か悪か?

中国経済の「不動産一極集中」への批判に対して、不服な専門家も当然いる。彼らは「不動産一極集中」を逆手にとって、「だからこそ中国経済における不動産業の重要性は無視できない」と反論するのである。

たとえば国務院発展研究センターマクロ経済研究部長の余斌氏も、その一人である。2009年11月23日、彼は北京で開かれた経済関連のフォーラムの席で、「不動産業の安定した発展が何よりも重要である」と訴えて、次のように言った。

「いまの中国においては、不動産業は国民経済全体と深い関わりを持つ基幹産業である。

中国のGDPの約6・6％が不動産業によって生み出されており、固定資産投資の4分の1が不動産投資によって占められている。そして不動産業に依存し、あるいは関連している産業は60以上にも達している」

このように余氏は、「不動産業が中国経済の命脈である」と高らかに宣言した。

余氏による、この「命脈宣言」は後に「名言」となって全国に広がり、「不動産が命脈」は一時期、「不動産バブル擁護派」の合言葉となったのである。

余氏の他に、不動産業の重要さを真剣に訴える著名な専門家がもう一人いる。国家統計局のチーフエコノミストを務める姚景源氏である。国家統計局が「不動産バブルの膨張は金融リスクを増大させた」という趣旨の論文を発表したことは前述の通りであるが、どういうわけか、当統計局のチーフエコノミストの姚氏は反対の立場に立っている。

２０１０年1月18日、姚氏は経済専門サイトの「中国経済網」において、「不動産価格の高騰がバブルの膨張に対する人々の憂慮を生み出した」と認めながらも、次のように語っている。

「多少のバブルの要素があったとしても、われわれは国民経済における不動産業の重要性を十分に認識しておかなければならない。自動車産業と同様、不動産業こそがわが国の経済を支える大事な柱である」

彼が「不動産業が支柱産業である」と論じるために提出した根拠は、前述の余斌氏とほぼ同じものである。中国のほとんどの産業が不動産業に依存しており、不動産企業の繁栄なくしては高い成長率は望めない、というのが彼ら一派の論理である。

「09年の経済回復も不動産市場の繁栄によって実現したものであり、経済を持続的に成長させていくために、今後もわれわれは不動産業を安定して発展させなければならない」と姚氏は結論づけている。

このように不動産バブルの膨張が最盛期を迎えた09年夏から10年初めにかけて、中国では不動産業の繁栄と不動産バブルの膨張をどうみるべきかに関して、正反対の論争が巻き起こった。

「不動産元凶論」の論点は、不動産価格の暴騰が国民一般の家計を圧迫して内需拡大の足枷となっていること、産業の「不動産への一極集中」がいびつな産業構造を作り出して経済全体を「人質」にしていること、バブルの膨張が金融リスクを増大させていることなどを根拠に、経済成長が不動産業のみに依存している現状の危うさを指摘し、経済全体が不動産バブル崩壊の「道連れ」となる危険性についての警告を発している。

それに対して「不動産擁護論」の論点は、経済全体に占める不動産業の重要性であり、それを根拠に、「不動産が命脈、不動産が支柱」ということである。

しかし、正反対にみえる2つの理論が根拠にしている事実は同一のものであり、表裏一体の関係にあるのである。

つまり「不動産元凶論者」は中国の産業の「不動産一極集中」が進んでいる事実や、経済の成長が不動産バブルの膨張に依存している事実を捉えて、「だから不動産バブルは悪い、中国経済は危ない」と憂慮しているのに対して、「擁護論者」も実は同じ事実を根拠にして、「だから不動産業は支柱であり、必要不可欠だ」との主張を展開しているのである。

同じ事実を根拠にした2つの論は、どちらにも一理あり、どちらも中国経済の真実を突いている。

つまり、09年に入ってからの中国経済の回復と成長が、不動産業の「繁栄」とバブルの「膨張」という土台の上に成り立っていることは紛れもない事実であり、このような土台の上に成り立った中国経済の回復と成長は、内実のともなわない虚構なのである。

不動産バブルの膨張が内需拡大の足枷《あしかせ》となったり、産業の構造を歪めたりして経済の

「癌」になっているにもかかわらず、経済は依然として「癌」を栄養剤にして成長を維持していかなければならないところに、中国経済のジレンマと弱点がある。

このような状況下で、不動産バブルが崩壊してしまえば、中国経済が計りしれない大きな打撃を受けることは必至である。「不動産が中国経済の支柱であり命脈」であるから、「支柱」が崩れて「命脈」が絶たれた後の中国経済がどうなるのかは、火をみるよりも明らかなことである。

第四章　インフレで死ぬか、バブル崩壊で死ぬか

毎月金融を引き締めても止まらないインフレ

これまでお話ししてきたように、中国政府はインフレ問題の喫緊さを正確に認識して危機感を募らせている。それは２０１１年に入ってからの中国首脳の一連の発言などからも伝わってくる。

たとえば11年3月14日に閉幕した中国の第11期全国人民代表大会（全人代）では、温家宝首相は施政方針演説に当たる政府活動報告で、経済面でのインフレの問題を大きく取り上げた。「インフレが社会の安定を脅かしており、インフレ抑制が11年の最優先事項である」との見解を示した。普段は穏やかな口調で語る温首相でも、このくだりとなると、その声から並々ならぬ緊迫感が伝わってくる。

それに先立って中国共産党は2月21日に中央政治局会議を開いて、11年の経済政策運営

について討議し、「物価水準の基本的な安定を保たなければならない」と基本方針を確認した。党の政治局会議が一つの経済問題に絞って討議を行い、「基本方針」を打ち出すのは異例なことだから、「物価問題」に対する指導部の相当な危機感が伺える。現在、党と政府の指導者たちを悩ませているのは、「インフレ」と「物価」というキーワードである。

実際に11年に入ってから、中国政府は「インフレの抑制」と「物価水準の安定」を図るため、具体的な行動に出た。

11年1月20日、中国人民銀行（中央銀行）は、市中銀行から強制的に預かる資金の比率を示す預金準備率を0・5％引き上げると発表した。それによって各銀行の貸し出しに使える預金の量が減り、融資に使える資金の枠も縮小するので貨幣の過剰供給が食い止められ、インフレを抑制できるわけであるが、預金準備率の引き上げはなんと2010年以降、7回目である。それから1カ月も経たない2月18日に、人民銀行は再度預金準備率の引き上げ（0・5％）を行い、3月18日にはまた、再々度の引き上げを断行したのである。

それ以降、預金準備率の引き上げは一時的な応急措置ではなく、通常の金融引き締め政策として定着した観がある。11年の4月、5月、そして6月の半ばになると、中国人民銀行は必ず預金準備率の引き上げを発表することになった。「月に一度」の頻度で預金準備率を引き上げるとは、まさに異常事態である。

しかも、その間の2月8日、中国政府はインフレ退治のためのさらなる金融措置をとった。政府からの指示を受け、中国人民銀行は金融機関の貸し出しと預金の基準金利を0・25％引き上げると決定した。そして4月5日、中国人民銀行は再度の利上げ（0・25％）に踏み切ったのである。

このようにして11年になってからの数カ月間、中国政府は得体の知れぬ恐怖に追われているかのごとく、金融引き締め策を次から次へと打ち出した。彼らは迫ってくるインフレの大波に本気で怯えている様子である。

しかし政府が頻繁に金融引き締め政策を実施しても、インフレはいっこうに収まらない。むしろ政府がインフレ抑制の金融引き締めに力を入れれば入れるほど、インフレ率は上がる一方である。11年1月には4・9％であった消費者物価指数が5月には5・5％に上昇してしまい、6月にはさらに6％台を超えて6・4％となった。

中国政府もようやく今回のインフレは、そう簡単に制御できるような相手ではないことに気がついたであろう。6月24日、温家宝首相は訪問先のイギリスで、中国の経済問題に関する発言を行ったが、そのなかで彼は「11年の消費者物価指数を4％以内に抑える政府目標の達成が困難である」と認めたのである。

この原稿を書いている7月初旬の時点では、政府のインフレ抑制策は完全に失敗に終わっているといえる。

再三指摘しているように、中国のインフレは過去数十年間にわたる貨幣の過剰供給の結果であるから、短期間の金融引き締め政策程度で収まるような性質でもない。

実は中国国内においても、本書と同じ見解を示す人もいる。中国人民銀行（中央銀行）貨幣政策委員会の李稲葵委員もその一人であるが、11年6月29日、李委員は北京で開かれた経済関係の会議で中国の物価上昇率について分析を行い、中国のインフレが「慢性的である公算が大きく、向こう10年間、問題であり続ける」との見方を示した。

だとすれば、今後も中国経済はインフレという得体の知れぬ怪物との戦いに臨まなければならないし、中国政府の金融引き締め政策が長期化していくことも容易に予測できる。

雇用者数の8割を占める中小企業が「倒産ラッシュ」に突入

今後も長期化していくと予測されるインフレ問題への対処のため、中国政府は2011年に入ってから度重なる金融引き締め政策を実施してきたわけだが、それらがインフレ抑制の効果をあげていない一方で、いくつかの深刻な副作用を生み出している。

その一つは、金融引き締めにより各金融機関の融資枠が大幅に縮小された結果、多くの中小企業は銀行から融資をしてもらえずに、大変な経営難に陥っていることである。

11年6月の中国経済関係各紙には、「資金難、中小企業倒産ラッシュが始まる」「長江デルタ、中小企業生存の危機」「温州地域、中小企業が二割生産停止」などのタイトルが踊っていたことは先に述べたが、金融引き締めの結果、GDPの6割を占め、雇用者数の8割を占める中小企業が苦境に立たされていることがわかる。

具体例を挙げると、11年5月20日付の香港紙「明報」は、中国国内の多くの中小企業が倒産の危機に追い込まれていると掲載している。

中国中小企業協会の周徳文副会長は、明報の記者による取材のなかで、中小企業の実情について「危機は目の前に迫っている」と表現した。全国工商業聯合会の全哲洙第一副主席も、「11年8月前後に中小企業の倒産が相次ぐだろう」と予測している。多くの中小企業が深刻な経営難に陥っている原因について、人件費の高騰、人民元の上昇、原材料の高騰、人手不足、電力不足、資金不足などに加えて、銀行からの融資の「枯渇」を主な原因としている。

中国政府が打ち出しているインフレ対策により、国内銀行の貸付金利が大幅に上昇しているほか、銀行から融資を受けられない企業は資金繰りのため、高利の民間金融から借り入れざるをえなくなっている。記事のなかで経済評論家の朱大鳴氏は「政府がさらなる金融引き締め政策を実施すれば、中国の中小企業は軒並み倒産する」と警告している。

中国経済の6割を支えている中小企業がダメになれば、中国経済の減速は避けられないであろうが、経済の減速を示す数値は実際に出始めている。

11年7月1日、中国物流購買連合会（CFLP）は同年の6月の製造業購買担当者指数（PMI）が前月比1・1ポイント低下し、50・9になったと発表した。製造業の景況感を示す同指数の低下は3カ月連続で、2009年2月の49・0以来2年4カ月ぶりの低水準であるが、それは当然、中国経済減速の表れである。

また、中国物流購買連合会は7月3日に別の景気関連指数も発表した。6月の非製造業購買担当者指数（PMI）は57・0となり、前月の61・9から低下したという。それは中国のサービス部門がやや勢いを失っていることを示すが、CFLP副会長は声明で「(非製造業PMIの）新規受注指数は大きく低下しており、なかでも運輸サービス業で顕著な低下がみられた。企業の購買活動が鈍化していることを示唆している」と指摘した。

こうしたなかで中国経済の「ハードランディング」も、国内外でささやかれ始めているのである。

ハードランディングを予測する世界の投資家たち

2011年6月14日、世界的に有名な投資家ジョージ・ソロス氏は、中国はインフレ抑制の機会を逸し、経済がハードランディング（景気の急激な失速）となる恐れがあるとの見方を示した。

著名エコノミストのヌリエル・ルービニ氏も6月13日、中国経済について、ハードランディングする「有意な確率」があるとの見解を示した。同氏はシンガポールで開かれた金融会議で、中国のGDPに占める投資の比率はすでに50％に達しているとし、過去60年のデータで、過剰投資がハードランディングにつながることが示されていると指摘した。そして中国経済は、「2013年より後にハードランディングする有意な確率がある」と述べたという。

中国国内では「ハードランディング」を公然と語る経済学者はいないものの、「経済減速」への懸念が広がっていることは事実である。6月27日、前出の李稲葵氏も外国メディアからの取材で「減速の懸念」を表明しているし、経済学界の大御所で北京大教授の励以寧氏は同じ27日、「金融引き締め政策が継続すれば、中国経済はインフレ率が上昇しながらの成長率の減速に直面するだろう」と警告している。

このように中国政府の実施した金融引き締め政策の結果、国内の多くの中小企業が深刻な経営難に陥り、経済の減速が現実となってしまっている。このままでは経済のハードランディングという、中国にとっての悪夢が襲ってくるのは確実であろう。

だからといって、中国政府がいまの金融引き締め政策を中止したり緩めたりするようなことができるのかといえば、そうではない。引き締めの手綱を緩めれば、インフレがより猛威を振るうようになることを、当の政府が誰よりも知っているからである。

11年の7月に入ってからはまさに経済減速の最中で、中国政府の関係筋からは「金融引き締め継続」の大合唱が巻き起こっている。

7月4日、中国人民銀行（中央銀行）の周小川総裁は、強いインフレ期待があるなかで、中国は慎重な金融政策を追求し続けるべきだとする論文を「中国金融」誌に寄せたが、周総裁はこのなかで、中国は全体的な物価水準の安定に焦点を絞るべきだと主張した。さらに経済成長率が大きくぶれるのを防ぐため、市場原理に基づく手段の活用を増やす必要がある、とも呼び掛けた。

その同じ日に、中国人民銀行（中央銀行）は第2四半期の金融政策委員会の会合後に声明を発表し、そのなかでインフレ圧力が依然高まっていることから、現行の慎重な金融政策を維持する方針を示した。

要するに中国政府としては、経済が減速しようが、ハードランディングしようが、金融引き締め政策は放棄できないのである。

その理由は、本書ですでに述べた通りである。数億人単位の貧困層が存在して国民の不満が高まっているなかで、本格的なインフレの発生＝物価の暴騰は、ただちに社会的大混乱の発生につながりかねない。中国政府はそれを何よりも恐れているのである。

しかしながら、いまのような金融引き締め政策が継続していくと、経済のさらなる減速は避けられない。中国政府の抱えるジレンマはますます深まるばかりである。

そして、金融引き締め政策が継続されれば、もう一つの深刻な問題、すなわち史上最大の不動産バブルの崩壊が発生するのである。

不動産が1年で6割も上昇！

第三章では、中国における不動産バブルの実態とその膨張の経緯を詳しく記したが、ここではその概要をもう一度説明しながら、不動産バブルの今後をみてみよう。

第三章でも指摘したように、2000年代に入ってから不動産バブルの膨張は中国経済が抱える大問題の一つであるが、現在のような不動産バブルが膨らんだのは、2009年に入ってからのことである。

2008年秋からの世界金融危機のなかで、中国の経済成長を牽引してきた1台の「馬車」である輸出産業は大きなダメージを受けた。通常毎年25％以上の伸び率を記録してきた輸出は、09年を通してマイナス16％以下に急落し、輸出向け産業を中心に全国の中小企業の約4割が潰れた。

緊急事態への対応のため、中国政府は08年末に「4兆元（48兆円）景気対策」を打ち出し、09年初頭からは積極的な金融緩和政策を実施し始めた。

その結果、09年の1年を通して、国内での新規融資の総額は9・6兆元（約115兆円）にも達した。当年の中国のGDPは約33・5兆元であったのに対し、「新規融資が9・6兆元」とは、まさに世界金融史上前代未聞の「金融バブル」であり、中国史上最大の放漫融資であったことは前述した通りだ。

中国ではすでに深刻な流動過剰が存在しているのに、さらに9・6兆元の巨額資金が銀行から放出されてしまうと、当然流動過剰に拍車をかけることになる。それが現在のインフレの発生につながった近因の一つであるが、実は09年から急速に膨らんできた中国の不動産バブルも、まさにここから生じてきている。

というのも、実体経済を救うために投入された放漫融資の多く（約3割と推定）が不動産投機に流れた結果、それが史上最大の不動産ブームを巻き起こして、不動産価格の暴騰を招いたからである。

数字的にみてみると、09年の1年間で中国全土の不動産平均価格は25・1％も上昇し、北京・上海・広州・深圳その他の10の大都会に至っては、上昇率はなんと60％にも達した。不動産価格が1年間で6割も上がってしまうとは、日本のバブル最盛期よりも凄まじいバブル現象であるが、2010年に入ってからも価格の上昇はさらに続き、上述の10の大都会では平均にして20％の値上がりがみられた。

その結果、2011年には中国の大都会での不動産価格は米国や日本と肩を並べることになり、「北京の不動産を全部売れば、アメリカを丸ごと買える」という景気のよい（？）

話が飛び出たほどである。このように中国の不動産は、完全なバブル状態なのである。

実際、11年に入ってから中国政府が一連の金融引き締め措置をとった結果、2月には不動産バブル崩壊の兆しが現れているのである。

北京の場合、3月2日付の北京地元紙の「新京報」の掲載記事によると、11年2月の北京市内の分譲住宅の販売件数（成約件数）は3535件で、1月より69・4％も減少した。たった1カ月で住宅の販売件数が7割も落ちるとは驚きだが、政府の引き締め政策にそれほどの「効果」があるというのも、中国ならではであろう。

北京以外の大都会でも似たような状況である。2月28日付の「第一財経報」の関連記事では、上海・広州・深圳の3つの都市で2月の住宅販売件数は1月と比べて大幅に落ちてしまったと報じている。そのなかで上海の落ち幅は81％、深圳の落ち幅は60％だったという。これらの大都会での不動産の売れ行きは、2月に入ってから急速に冷え込み、文字通りの「不動産市場超氷河期」に突入したわけである。

北京だけで売れ残り不動産はなんと12兆円分！

販売件数の落ち込みのなかで、不動産価格の下落もみられるようになった。2011年

3月の北京の新築住宅の平均販売価格は19カ月ぶりに下落し、前月比26・7%減の1平方メートル当たり1万9679元となって、前年同月比で10・9%下落した。11年3月、大都会である上海でも、市内の一部の新規分譲住宅の販売価格は一挙に20%も値下がりした。

4月になってもこのような状況は続いた。4月18日に中国国際放送局が報じたところによると、11年第1四半期の北京での新築住宅の取引は2万700件となり、10年第4四半期より40%も下落した。

そのなかでとくに注目すべき現象の一つは、国内における不動産投資の主力である富裕層による「不動産離れ」である。彼らはいま国内での投資よりも、海外への投資に目を向け始めている。11年4月25日に中国招商銀行が発表した「11年中国個人財産報告」によると、中国で1000万元（約1億2035万円）以上の投資資産を持つ人は50万人に達したことがわかったが、「千万富豪《せんまんふごう》（個人資産が1000万元を超す富裕層）」の中国の不動産投資に対する意欲は下がり、投資移民（外国に投資することで移民の資格を手に入れる人々）になりたいという望みが非常に強く、億万長者の約27%がすでに投資移民になっているという。このような動きは当然、中国の不動産市場の冷え込みに拍車をかける。

市場の冷え込みにより、業者にとっていくつかの深刻な問題が生じてくる。その一つは大量の不動産在庫が発生することであり、２０１１年6月現在、北京市内で売れ残りの不動産の時価が約1兆元（約12兆円）にものぼっていることは前述の通りである。

中国の不動産はこうして山のような在庫を抱え、市場として末期症状を呈しているのである。

売れ残りの在庫をこんなにも抱えてしまうと、不動産業者の資金繰りが苦しくなるのは当然である。経済の停滞が長引けば、業者は生き残りを図って手持ちの在庫物件を値下げして売りさばくしかない。

しかし、同時に投機用に不動産を購入した人々が売りに回る。そうすると不動産価格の総崩れがとたんに始まるのである。

こうしてみると、最近の社会科学院工業経済研究所の曹建海研究員による、「２０１２年に北京の不動産価格が5割も暴落するだろう」という予言にも納得できる。

いまの中国政府には、このような崩壊のプロセスを食い止める力はないであろう。というのも、不動産バブルを崩壊させずに温存していくには２００９年のような金融緩和政策を再度やる以外に方法がないだろうが、インフレ退治が最大の課題となっている昨今、そんなことができるはずもない。大規模な金融緩和を再びやれば、中国経済は確実にインフレの大波の前で崩れてしまう。「インフレで死ぬのか、不動産バブルの崩壊で死ぬのか」、それはまさに中国政府が直面する「究極の選択」なのである。

結果的に中国政府はインフレを恐れるあまりに金融引き締め策の断行という選択をし、それにともなう不動産バブルの崩壊を容認するしか手がないといえる。そういう意味で、いまの中国政府にとって不動産バブルの崩壊は「覚悟のうえ」のことである。

中国のバブル崩壊にともない不良債権が大量に生じ、銀行の金融機能が著しく低下して、企業の生産活動が停滞してしまうことは必至である。と同時に富裕層が財産を失ったせいで社会全体の購買力が落ちてしまい、より深刻な内需不振になるのも自然の成り行きである。中国経済の冷え込みと、成長率の大幅な下落はもはや避けられない。今度こそ、過去30年間にわたっての高度成長に終止符が打たれ、本格的な大不況がこの巨大国を襲うのである。

経済が崩壊した後の中国はどうなるか

バブルが弾けて高度成長が終焉を迎えると、中国でいったい何が起きるのかが次の問題となるのだが、それを考えるためにはまず一度、いまから22年前の天安門事件以来の中国の歩みをふり返る必要がある。

１９８９年6月4日、北京の天安門広場を本拠地にして民主化運動を展開した学生や市民に対し、中国共産党軍は戦車部隊まで出動して「血の鎮圧」を行った。中国現代史のもっとも残酷な一幕である。

それから22年の歳月が流れたが、この間に中国では何が起きていたのか。

１９９２年2月、血の鎮圧の決定者であった鄧小平は有名な「南巡講話《なんじゅんこうわ》」を行い、「経済の発展がすべてだ」と語って、市場経済への全面的移行を呼びかけた。それ以来、中国が「経済発展一辺倒」の時代に突入して「成長と繁栄」のわが世の春を迎えたことは周知の通りであるが、いまから考えると、この時代の出発点となった南巡講話の根っこは、天安門事件にあったのではないか。

つまり鄧小平は、人民とエリートたちを富の追求に狂奔させることで、天安門事件に対する彼らの記憶をあいまいにし、経済の成長と繁栄をもって血の鎮圧を正当化しようとしたのである。

その一方、天安門事件の直後に誕生した江沢民政権は、南巡講話の発表とほぼ同じ時期から、国策級の戦略を打ち出した。「反日教育」の推進とセットになった、愛国主義精神高揚運動の展開である。

それもまた「天安門」を強く意識した政権の策略であろう。国民の憎しみを日本という「外敵」に向かわせて共産党の犯した罪をもみ消し、崩壊した共産主義の神話に取って代わって、「愛国主義」を政権維持の新しいイデオロギーに奉ったのである。そのために中国政府は1990年代初頭から国家の力を総動員して「愛国主義高揚運動」を展開して、国民のナショナリズム感情を煽り立ててきた。

いってみれば、90年代初頭から中国の二大「潮流」となった経済成長と愛国主義高揚運動の展開は、いずれも共産党政権による「天安門善後策」の産物であると理解できよう。そして、この十数年間における中国の政治的安定と経済の「繁栄」は、政権の「善後策」による魔術的な成果であるといってよい。

しかし、ここにきて、「安定と繁栄」の時代をもたらした共産党政権の魔術は、その効力を失おうとしている。

2005年の春、反日教育によって育てられた「愛国青年」の巻き起こした反日デモの嵐は、反政府運動へと転化する一歩手前までいった。つまり政府の展開した愛国主義高揚運動が裏目に出て、政府を苦しめる結果となったのである。それ以来、政府は以前のように無闇に愛国主義の情念を煽動して若者たちを焚きつけることができなくなっているので、愛国主義高揚運動は下火になりつつある。そして本章において分析してきたように、インフレの襲来、不動産バブルの膨張にともなって、札の乱発に依存してきた中国の高度成長もいよいよ、その終焉を迎えようとしている。

次の問題は、経済が衰退の道を辿《たど》り始めたとき、中国で何が起きるのかである。

ここで想起すべきは、いままでの5、6年間、中国は年率10％以上の急速な成長を成し遂げるという未曾有の経済繁栄を享受していながら、年間8万～9万件以上の暴動や騒乱事件が発生していたという事実である。

経済繁栄の最中でも、失業や貧富の格差の拡大、および政治腐敗の氾濫などの深刻な社会問題が原因であちこちで暴動が起こっていた。だからこそ、これからバブルが崩壊して経済が停滞したとき中国社会がどうなるかは、まさに喫緊の問題なのである。

経済の衰退にともなって失業がさらに拡大し、社会的不安も高まるため、暴動はこれまで以上に多発してくるであろう。

つまりバブルが崩壊して経済が破綻した際には、暴動の多発などの社会的不安の拡大が中国問題の焦点となってくるのである。

したがって次章では、「経済」からいったん離れ、中国の社会問題に目を向け、中国の闇をあぶり出していこうと思う。

第五章 民衆による暴動が止まらない

葬儀屋が5名募集したら、500名の大卒者が殺到

2009年から始まったインフレの大波のなかで、中国の民衆が「菜奴」に成り下がって苦しい生活を強いられていることは第二章で取り上げたが、同じ09年に、「菜奴」という言葉と並んで中国人の置かれている苦境を表す新造語がいくつか登場した。たとえば、いまから取り上げていく「蟻族《ありぞく》」や「蝸居《ウオージュ》」もその類いのものである。

「蟻族」とは何か。それを説明するためにはまず、09年10月31日付の「中国青年報」にある掲載記事からみてみよう。アモイ市公安局の翔安支局が政府サイトに掲載した1通の「人員募集要項」だが、公安局の職員食堂の「野菜洗い係」1名を募集するのに、「大卒以上の学歴」を要求しているのである。

それがネットなどで取り上げられると、全国の大卒たちは憤慨したが、このような「募

集要項」が政府機関から堂々と出されたことが、大卒者の直面する厳しい就職事情を物語っている。

ここ数年、中国の大卒者の就職難は深刻な問題となっている。ある葬儀屋が5名の人員を募集したら500名の大卒者が殺到したり、蘇州市の公共トイレの清掃係募集にまで大卒者が多く応募してくるなど、就職戦線の大変さを伝えるエピソードが頻繁に報道されているのだ。

2007年度の場合、中国経済は14・2%の驚異的な成長率を上げているのに、当年度の大学卒業生の約3割が就職できなかったことは、中国政府も認めた。

09年、国家教育委員会が発表した大卒者の就職率は68%であるが、それを信じている人はいない。それが単に、上から「就職ノルマ」を課せられた大学側が、卒業証書の発行と引き換えに、卒業生に「就職証明書」を無理やり提出させたことの結果であるのはよく知られている。

たとえ政府がいう通り「就職率が68%」であるとしても、当年度の大学卒業生610万人のうち、約195万人が就職できていないことを意味する。過去5、6年間ずっとこの状況であるから、大卒失業者の累計人数は膨大であると推測できる。

大卒失業者はどのような生活を送っているのか。09年10月30日付の「中国経済時報」は興味深い記事を掲載している。北京の郊外にはいま、約十万人以上の失業状態あるいは半失業状態の大卒者たちが住んでいるという。彼らは暖房も浴室もトイレもない狭い一室に住み、自炊しながらかろうじて食べていける生活をしている。もちろん北京だけでなく、全国各都会にもこのような人たちが大勢いることが北京大院生の調査で判明しているが、彼らは「蟻族」と呼ばれている。

筆者の親戚のなかでも「蟻族」となった若者が現にいるから、上述の新聞記事が嘘偽りでないことはわかる。

経済が成長して「繁栄」しても、中国の大卒者の多くは就職できず、「蟻族」となる以外に道がない。そのうえ、中国バブルが崩壊して就職状況がさらに悪化した場合、大卒の若者たちはいったいどうなるのだろうか。また、人数がますます膨らんでいく「蟻族」の不満は、いつ爆発するのか。これは中国社会の抱える「時限爆弾」の一つである。

以上は「蟻族」という新造語の由来だが、もう一つ09年の流行語となった「蝸居」は、ある連続ドラマの題名から生まれたものである。

09年の夏から秋にかけて、中国で放映された『蝸居（カタツムリの家）』という題名の連続ドラマが爆発的な人気を博した。上海に住む大卒のサラリーマン夫婦が、双方の両親から借金して念願のマイホームを手に入れた。しかしその後、毎月6000元（約7万2000円）の住宅ローン返済のために多くの辛酸をなめ、やがて生活の重圧に押しつぶされていくという物語である。

それが全国で大きな反響を呼んだのは、いまの中国で主人公と同じような生活体験をしている人が莫大に存在するからである。

このような目にあっている人を数年前から「房奴《ぼうど》（住宅の奴隷）」と呼ぶようになったが、彼らは借金で頭金を払ってマンションを買い、それからの数十年間、夫婦の収入の3分の1から半分に相当する金額の「地獄ローン」を払い続けている。

彼らのことを取り上げた09年9月4日付の「経済参考報」記事によると、「房奴」となった人々はいま、「外食も旅行も娯楽も極力控えており、子どもを生み育てることもできない。会社から首にされたらどうなるか、給料が減らされたらどうなるかと心配しながら仕事をし、病気になっても会社を休めない」という惨めな生活をしているという。

「房奴」が生まれた背景には、5、6年間も続いた不動産価格の暴騰がある。北京の場合、2003年には市中心部の分譲マンション価格は1平方メートル当たり4000元だったが、現在では「3万元台」に突入したと「経済参考報」の記事が伝えている。

北京政府が発表した北京市民の2008年度の一人当たり可処分所得（手取り収入）は2万4725元（約30万円）で、09年度もそう大きく変わらないだろうが、市民一人の正味年収ではマンションの1平方メートルも買えないという事態が生じている。

上海の場合、09年8月7日付の地元紙の「新聞晩報」は、住宅購入のための上海市民の負担が、パリ市民の11倍であると伝えている。実際、上海の浦東地区中心部の不動産価格は東京都心を上回っているケースもある。

不動産価格の高騰は、いままでの高度成長を支えてきた主な要素の一つである。不動産が高く売れれば、建築業や鉄鋼・セメント・内装・広告など多くの産業が繁栄するからだ。

しかしその結果、全国で「房奴」が大量に生み出されたのである。

経済の面からすれば、内需の拡大こそが今後の経済成長の決め手となるはずだが、消費力が大いに期待されている中産階級の多くが生活難の「房奴」となったことは、内需拡大の足枷となる。つまり、不動産バブルによって作り出されたいままでの「繁栄」が、未来における成長の持続性を奪ってしまったのだ。

本来、健全な中産階級の拡大が社会安定の基盤となるが、現在、中産階級以上の人々でさえ「地獄の住宅ローン」にあえぐ状況下では、中産階級が育つはずもない。中国社会の安定は前途多難である。

中国政府の高官が愛人を囲むのは「当たり前」

中国の不動産バブルが崩壊したら、不動産価格が急落しても、全国の「房奴」たちは高いローンを払い続けなければならないから、「中産階級の破産」は大量に起きるのであろう。

そしてそれが社会不安の拡大に繋がるのは確実だ。第三章で取り上げた「不動産バブル問題」の悪影響はここにも及ぶのである。

このようにいまの中国は、多くの国民が不本意ながらも「蝸居」に住んで「房奴」となったり、大卒者が「蟻族」に成り下がったりするご時世だが、このなかでわが世の春を謳歌している中国人も大勢いる。2009年末から2010年春にかけて、中国のネット上で流行っていた面白い小話が、中国の状況を実によく描き出している。

それは中国の「四大古典小説」にちなんだ小話である。「中国四大古典小説」とはすなわち、『紅楼夢《こうろうむ》』『三国演義《さんごくえんぎ》』『水滸伝《すいこでん》』『西遊記《さいゆうき》』の4つだが、前述の小話はこうである。

「われら中国人民はいま、四大古典小説を実演している。エリートと金持ちは『西遊記』をやり、高級幹部は『紅楼夢』を楽しみ、地方政府は『三国演義』を繰り広げる。庶民たちはやることが何もないから、皆で『水滸伝』を演じてみせる」

「古典小説」を解説すると次の内容となる。

まずは『西遊記』。孫悟空が唐三蔵のお供をして西域へ仏典を求めに行く物語だが、小話はその書名をもじって「エリートと金持ちは『西遊記』をやる」という。これは中国のエリートや富裕層が、群をなして西側の先進諸国へ移住する現象を指している。つまり「第三の移民ブーム」と呼ばれる「富裕層の中国からの大脱出」がすでに始まっていることを指している。

次は『紅楼夢』である。この小説は「中国の『源氏物語』」とも呼ばれ、清王朝時代の高官一族にまつわる「恋とエロスの世界」を描いたものだが、「高級幹部が『紅楼夢』を楽しむ」とはすなわち共産党の高官たちが愛人を囲って、酒池肉林の生活を送っているという実態への風刺である。

中国ではいま、高官は愛人の一人や2人を囲むのが「当たり前」のことになっているが、愛人を囲うのに当然カネが必要だから、高官たちは結局汚職に手を染めてしまう。201

0年に摘発された大物汚職幹部の広東省政治協商会議の陳紹基主席や深圳市の許宗衡市長はその典型例だが、愛人に収賄を告発されて捕まったり、愛人の脅迫に嫌気がさして殺したりして身を滅ぼした汚職幹部のケースも続出している。とにかく高官という高官が禁断の愛欲に溺れて汚職に走るというのが中国の救い難い現状である。

『三国演義』については、いまの中国の地方政府と地方幹部たちが、各自の利権増大のために中央政府の方針や政策に面従腹背《めんじゅうふくはい》して乱開発に走ったり勝手に政令を発したりして、まるで中国歴史上の三国時代に魏蜀呉などの地方政権が乱立したような状況となっているため、「地方政府は『三国演義』を繰り広げる」と揶揄されているのである。

このような時勢下で、愛人囲いの贅沢三昧や経済的利権とは無縁な一般民衆はどうしているのかというと、小話の出す答えはすなわち、「皆で『水滸伝』を演じてみせる」である。そう、『水滸伝』のなかの英雄豪傑《ごうけつ》が朝廷の暴政に反抗して立ち上がったように、中国人民はいま、あちこちで騒乱や暴動を起こし始めているのである。

この小話が流されていた09年末の実例を挙げると、11月15日に湖南省郴州市で二輪車の再登録を認められなかった民衆ら約2万人が警察と衝突、100人以上が負傷、警察車両7台が破壊された事件や、12月5日に吉林省長春市で車を運転する警官姿の男性が女性をはねたうえ、抗議する女性の娘を殴打したことをきっかけに付近の市民数千人が抗議した事件などがある。12月9日付の香港紙「明報」も、現在の中国は「暴動頻発期《ひんぱつき》」に入ったと伝えている。

民衆の不満はすでに限界に達していることがよくわかるが、このままいけば、天下はやがて『三国演義』の描く「大乱世《だいらんせ》」に陥っていくだろう。

民衆による暴力が「社会現象化」している

中国で頻繁に起きている暴動はどのような性格を持つものなのか。これについては後ほど実例を挙げて詳しく説明するが、ここではまず、「暴動」の前段階となる「暴力抗法《こうほう》事件」を紹介しよう。

「暴力抗法」とは、「暴力をもって法の執行に抵抗する」という意味合いの造語だが、それは公安局・工商管理局・都市管理局などの政府機関が法律や法令などに基づいて違反者に対する取り締まりをする際、当の違反者がおとなしく従うどころか、むしろ暴力を振るって抵抗を試み、執行者に人身的危害まで与えるようなケースを指している。

それはいったいどういうことなのか。２００９年11月に起きた数件の「暴力抗法事件」

の実例を取り上げてみよう。

11月4日、吉林省の長春市《ちょうしゅんし》で、地元の工商管理局があるショッピングセンターでニセモノ商品の取り締まりを行ったところ、センターの経営者が携帯電話で連絡をして7、8名の暴漢を集め、5分間にわたって4名の管理局の要員に暴行を加えて重軽傷を負わせた。

11月7日には青海省天峻県《せいかいしょうてんしゅんけん》で、国土資源局の要員が、何者かによる石炭の違法採掘の現場を押さえたところ、突如現れた二十数名の男たちに囲まれて袋叩きにされた。その結果、職員2名は重傷を負い、病院に運ばれた。

11月10日、安徽省《あんきしょう》の寧国市《ねいこくし》で、ある民事裁判で被告となった胡某という男が、自分に賠償責任を命じた地元の裁判所の判決に不満を持ち、二十数名の男たちを率いて裁判所のオフィスビルに乱入した。彼らは約20分間、裁判所の幹部やスタッフを殴りまくった。近くの交番の警察数名が救援にやってきたところ、その警察官までが彼らの暴行の対象となった。

11月13日には中国四川省成都市《しせんしょうせいとし》で、唐福珍という名の民営企業の女性経営者が、当局による衣料工場の強制取り壊しに抗議し、焼身自殺を図ったことが国内で話題となったが、実はそれも立派な「暴力抗法」であった。

当該の衣料工場は違法建築だと認定されたので、地元の都市管理局は要員を送り、経営者の唐さんらに工場の取り壊しを何度も求めたが、ことごとく拒否された。それを経て11月13日に、当局は市の法令に基づき人員を動員して工場の取り壊しにやってきたのだ。

すると、唐福珍さんとその一族郎党十数名は工場の屋上に陣取り、抵抗を試みた。彼らは屋上から執行者たちに向けてレンガや石を投げ、事前に用意していたガソリン入りのガラス瓶100個以上に火をつけて投げつけた。

激しい抵抗は3時間以上にも及び、そのなかで十数名の執行要員がケガを負った。最後には消防隊と警察が出動して屋上を占領しようとしたところ、観念した唐福珍さんは自分の体に火をつけた。病院に運ばれたが、数日後には還らぬ人となった。

この事件が報道されると、全国のネットはいっせいに騒ぎ出した。ネットの掲示板には「市政府の横暴なやり方に抗議する」「開発業者と役人の癒着《ゆちゃく》が生んだ悲劇」などと当局に向けた怒りのコメントが殺到し、「命と引き換えに権利と尊厳を守ろうとした英雄」と女性を称える声も多く書き込まれた。

11月21日には雲南省昆明市《うんなんしょうこんめいし》で、より規模の大きな「暴力抗法事件」が起きた。開発にともなう市場移転に反対するため、自営業者ら1000人が警察隊と衝突し、多数の負傷者を出す騒ぎとなった。郊外への移転を強要された自営業者への補償がなかったことが、騒動の原因といわれる。

その2日後の11月23日には江蘇省南京市で商業施設の移転計画に抗議する数百軒の商店主が営業ボイコットを行う事件が発生し、27日には貴州省貴陽市で、強制立ち退きに抗議する地元住民ら数百人が警察と衝突する騒動が起きた。

このようにいまの中国は、全国のあちこちで日常的に「暴力抗法」が起きているのである。

ここで注目すべきなのは、「暴力抗法」に立ち上がった人々の多くが、決して筋金のヤクザやごろつきの類いではなく、むしろ民間の企業経営者や自営業者などの「普通の市民」であることだ。ヤクザものならいざ知らず、普通の市民が暴力をもって法に対抗しようとするところに問題の深刻さがあるのだが、そうなったことの原因はどこにあるのか。

原因の一つはやはり、数千年間も続く「人治国家」のなかで培ってきた、一般庶民の法意識の欠如と、法律や司法機関に対する根強い不信感であろう。法治国家の日本では、人々は自らの権益を守るため、あるいは自らの権益が損なわれたときにまず考えつくのは法的手段に訴えることだが、多くの中国人はそうではない。

中国人にとって、司法システムというのは「お上」のためにあるもので、自分たちのような庶民を守るものではない。いざというときには自分たちの力で自分自身を守るのが一番だと思っているわけだ。

「法」というものを信用せずに自分の力で自分を守ろうとする考えは中国人の古来からの意識の一つであるが、歴史上、とくに各王朝の末期になると、王朝の政治的権威の失墜と政治的腐敗にともなって一般庶民の「法」に対する不信感はより高まり、「暴力抗法」は一種の社会現象として急速に広がってきた。前述した「四大古典小説」の一つとしてよく読まれている『水滸伝』は古の「暴力抗法」の英雄たちを素材にしたものであるが、「暴力抗法」の広がりは、王朝の崩壊を予兆する末期症状でもある。

そしていま、中華人民共和国の統治下で、胡錦濤主席が提唱している「協調社会建設」云々とは裏腹に、民衆による「暴力抗法」は社会現象として広がりつつある。それは当然、現在の政権の権威失墜と腐敗の氾濫の深刻度を象徴する社会的な病理現象であるが、もし将来的に民衆の「暴力抗法」がより大規模なもの、より連帯的なものとなっていったときには、それこそ政権の安定を根底からひっくり返すことになるだろう。

「暴動大国」の実態に迫る

民衆による「暴力抗法」の拡大が暴動であるが、中国における暴動とは何か。2009年夏に起きた2つの暴動事件を例にとってみよう。

09年6月15日、中国江西省の南康市で暴動が起きた。市政府が同市の家具産業に対する税収方式を変更したところ、それに不満を持った企業関係者や一般市民の数千人が国道をふさいで抗議行動を繰り返し、警察のパトカーなどの車両を十数台もひっくり返した。地方政府の法令や政策に不満を持つと、あるいは自分たちの権益が損なわれるようなことになると、人々が飛びつくのは「暴動」という手っ取り早い手段である。

6月21日に湖北省《こほくしょう》の石首市《せきしゅし》で別の暴動が起きた。あるホテルで男性の死体が発見されると、警察は「自殺」だと判断したが、遺族は疑問を持ち火葬を拒否、遺体をホテルのロビーに置きっぱなしにした。

警察が遺体を強制的に運び出そうとすると、それに反発する1万人近くの群衆がホテル周辺に集まって警察と対峙した。事態は暴動にエスカレートし、放火や道路封鎖、車両の打ち壊しなどの破壊行為に発展した。

いまの中国では、些細な事件一つでも、大規模な暴動に発展してしまう危険性を持つ。

「社会の暴力化」ともいうべき現象だが、その根っこにあるのは、政府や警察や「法的秩序」に対する民衆の根強い不信であろう。

強固そうにみえる中国の体制は、実にもろい基盤の上に成り立っているのである。

前述の南康市の暴動における政府の処理の仕方にも、注目すべきところがある。

暴動が発生した6月15日、南康市の上級機関である江西省政府はただちに事態の収拾に乗り出し、市政府の発表した税収方式の変更を即座に撤回した。政府側の全面譲歩で暴動はただちに沈静化したが、暴動を起こした民衆側にとって、それは予期もせぬ勝利であった。

つまり共産党政府は、暴動を起こした民衆の圧力に屈して、自らの制定した法令を撤回して民意に従ったのである。それは中華人民共和国成立以来の画期的な出来事である。

中国の「民主化」がこのような形で一歩前進したことは意外であるが、この事件が今後どのように影響するかは実に興味深い。

政府当局が全面的譲歩をもって暴動の沈静化を図るようなことを一度やってしまうと、それが結果的に、全国あちこちでの暴動の発生を誘発する要因となりかねないからである。

南康市の暴動で民衆が勝利したことを知った多くの中国人は、次に自分たちが何らかの不満や憤懣を抱くときには、南康市の人々が取った手段を真似するであろう。その結果、中国社会の「暴力化」は強まり、暴動や騒乱の発生はさらに頻繁になると想像できる。

実際、２０１０年に入ってから、中国における暴動の頻度が加速している。２０１１年２月に上海交通大学の研究チームが発表した「10年の中国社会安定状況に関するレポート」によると、10年1年間では、ほぼ5日間に一度の頻度で中国のどこかで暴動や大きな騒乱が発生していたという。いまの中国はまさに、世界有数の「暴動大国」となっているのである。

２０１０年から流行っている「土下座嘆願」

民衆による「暴力抗法」や「暴動」の実態について述べてきたが、中国の民衆は暴動を起こすよりも、もっと巧妙な方法を使って体制に対する反抗を試みることがある。

たとえば10年になってから流行り出した「土下座嘆願《どげざたんがん》」はその一つである。

「土下座嘆願」とはすなわち、民衆が何らかの不満を訴えたり救済を求めたりするために、政府機関の前で群がって土下座して請願するという意味だが、たとえば10年5月18日、広東省化州市新安鎮梅子坑移民新村の数百名の村民たちが、村の耕地が隣村によって強制占用されたことを訴えるために、市政府の玄関前でひざまずいて助けを求めた事件や、4月27日、湖北省公安県《こうあんけん》で不当解雇された数百名の農村教師が県政府の前で土下座して「生存権の保障」を請願した事件がある。

いずれの場合も、土下座するパフォーマンスで政府に圧力をかけて問題の解決を図ろうとする行為であるが、この手の事件が頻発するようになったのは、南康市の暴動の成功事例があったからだ。

10年4月13日、遼寧省庄河《しょうが》市政府の玄関前広場で、村幹部の腐敗を直訴するために集まった庄河市龍王廟村の村民千人以上がいっせいに土下座して、孫明という名の市長との面会を求めた。1時間以上土下座していても市長は姿を現さなかったが、この映像がネットで流されて大きな波紋を呼んだ。応対に出てこなかった孫明市長の「怠慢」に対し、全国から批判の声が上がったのである。

その2週間後の4月29日、上級政府の意向により、孫明市長はなんと「辞任」を強いられ、村民たちが訴えた村の腐敗幹部も解任された。村民たちの土下座によって2人の共産党幹部の首が切られたわけだが、政権はなぜ民衆の「土下座嘆願」をそれほど恐れているのか。

民が官に土下座して嘆願するのは、もともと近代以前の中国の専制政治下の古い慣習である。いまの共産党政権になると、政権は自分自身のことを「人民による人民の政権」だと標榜し、「土下座嘆願」のような行為は「封建の陋習《ろうしゅう》」として退けられた。

しかしいま、共産党幹部や政府に対して、民衆が土下座して嘆願するような事件が現実に起きている。これは共産党政権が昔の「封建政権」と何の変わりもない独裁政権であることを人々に印象づけ、「人民の政権」という共産党による自己正当化の神話がウソであることを国民にさらしているのである。

このような「悪影響」を打ち消すために、政権は庄河市の市長や村幹部の首切りに踏み切ったわけだが、それは他方では、「土下座嘆願」という古色蒼然《こしょくそうぜん》たる手段を使った民衆の勝利を意味することになった。

つまり龍王廟村の村民たちは、「人民による人民の政権」という共産党のウソを逆手にとって、自分たちの言い分を通すことに成功したのだ。「土下座民主主義の勝利」とも言うべき画期的な出来事であるが、この勝利に触発される形で、「土下座嘆願」が中国で流行り始めたことは前述の通りである。

共産党政権にとって、このような形での「民主主義」の蔓延は実に厄介なものだ。暴動なら鎮圧することもできるが、「土下座嘆願」となると鎮圧すらできない。

もし、全国の民衆が何かある度に政府機関の前で土下座するような事態ともなれば、政権は確実に持たない。

あるいは、数万人か数十万人単位の民衆が天安門広場でひざまずいて、何らかの政治的要求を政権に突きつけるような事態になれば、それこそ中国にとっての革命を意味するであろう。

かつてマハトマ・ガンジーの起こした「非暴力抵抗運動」がインドの歴史を変えたのと同様、中国の未来は土下座する民衆たちの「膝元」から開かれてくるかもしれない。

2009年から10年にかけて、中国では民衆による反抗が徐々に広がっていった。民衆はもはや、自分たちの置かれている苦境に甘んじることもなく、社会の不公平を甘受するつもりもない。中国はこれから確実に、「暴動の時代」に突入していくであろう。

ネットが政治力を持ち始めた

いまの中国では民衆による暴動などが広がっていると同時に、物理的な暴力とは無縁の「反乱」も静かに進んでいる。それは政治権力の横暴や抑圧に対するネット上での反抗である。それはまず、次のような事件から始まった。

09年6月、中国工業情報化部は「緑壩《りょくは》・花季護航《かきごこう》」という名のフィルタリングソフトを、7月1日から国内で販売するすべてのパソコンに搭載することを義務づけた。しかし全国のネットユーザーたちは、それがネット情報の検閲につながるのではないかと危惧して、自発的な批判キャンペーンをネット上で展開した。そうすると義務化前日の6月30日、中国政府は突如、「緑壩」導入の延期を発表した。暴動を起こした南康市民の場合と同様、中国のネットユーザーたちも、政府をねじ伏せて自らの権利を守ることに成功したのである。

中国ではネットユーザーのことを「網民《ワンーミン》」と呼ぶが、今回の事件はまさに「網民の勝利」として歴史に刻まれるであろう。

同年の初夏、それこそ「網民の大勝利」と称すべき歴史的な事件も起きた。

この年の5月10日、湖北省巴東県野三関鎮のあるホテルで、女性従業員で22歳のトウ玉嬌さんが洗濯をしていたところ、同鎮の政府幹部3名が彼女を娼婦と間違え、紙幣を叩きつけながら性接待を要求した。トウさんが拒んでその場を去ろうとすると、幹部の一人が出口を塞ぎ接待を強要したため、トウさんが果物ナイフで彼を刺して死亡させた。

トウさんは殺人容疑で即時逮捕されたが、事件が新聞で報道されると、いきなりネット上で大きな話題となった。全国の「網民」たちはいっせいにトウさんの行為が「正当防衛」であると主張して、トウさんを襲った幹部たちやトウさんを、「精神不安定な危険犯罪者」としてベッドに縛りつけた地方公安に対する批判の嵐を巻き起こした。

そのなかでトウさんは、いつの間にか「官の横暴にただ一人で立ち向かった女英雄」に奉られて、「トウ玉嬌事件」の性格は「権力に対する弱者の抵抗」という図式で解釈されることになった。一時期、中国のネットは、「正義の女神」を擁して権力に楯突く「造反基地」と化したのである。

些細なことが暴動の火種となるのと同様、刑事事件一つで「官民対立」の構図ができあがるところに、中国という国の「国情」があるのである。

そして今度もまた、「官」が折れた。6月16日に下された地元法廷の一審判決は、トウさんの行為を「過剰防衛」と判定しながらも、彼女を即時に「無罪放免」にした。

地方幹部の一人が彼女の手で殺害されたことはれっきとした事実だったが、「官」は彼女のことをどうすることもできない。「網民」たちの声に押され、不本意ながらも「超法規的措置」をとってしまったのである。

そのことからもわかるように、いまの中国ではネットという新しい言論空間を中心に、政府の意図や官製メディアによる情報操作とは無関係に、人々の本当の意見、つまり本音を反映できる自律的な「世論」が形成されている。それは政府の決定を覆したり、法廷の判決に影響を与えたりするという政治力を持ち始めている。「トウ玉嬌事件」は中国における「世論の誕生」を意味する画期的な出来事なのである。

「中国の指導者は文化を持たない人たちだ」

ネットではオピニオンリーダー的な人物が大きな役割を果たし始めている。彼らは体制外の「自由人」として、もっぱらネット上で意見を発表して、世論に多大な影響を与えている。たとえばいま、インターネットでブログを開設して言論活動を展開している、「牛刀《リユウタオ》」というペンネームの評論家はその一人である。

どの機関・企業にも属しない「自由人」がネットという言論空間で独自の論陣をはることは、中国の社会変化を象徴する現象であるが、牛刀氏がとくに際立つのは、彼は常に政府と反対の立場でものを言うからである。

その他、政府の喧伝する「中国の経済繁栄と明るい未来」に対しては、牛刀氏は懐疑の目を向け、政府の経済政策に痛烈な批判を浴びせている。

代表的な「牛刀ブログ」を拾ってみると、２０１０年2月4日配信の「オフィスビルの家賃からみる中国経済回復の幻影」では、中国各大都会のオフィスビルの家賃水準が依然として低迷している事実から、２００９年の「8・7％成長」は実体のともなわない「幻影」であると力説し、10年12月26日の論文では、「不動産バブルは中国経済の癌であり、中国崩壊の引き金となる」と論じている。

同じ年の12月25日発表の「不動産バブル膨張の原因は、政府の政策的誤りにある」と題する論文では、「腐敗と無能の政府こそが不動産バブルを膨らませ、人民の住む権利を侵害した元凶である」との論調で、中国政府を厳しく糾弾した。

牛刀氏の評論のスタンスは非常に明確だが、「牛刀ブログ」にコメントを寄せる読者のほうが、実はもっと強烈である。

たとえば上述の「不動産バブルの原因は政府の政策的誤りにある」という論文に対し、次のようなコメントが書き込まれている。

「いまの政府は開発業者とグルだ。彼らは共通の利権のために不動産価格を吊り上げ、人民をだました」

「昔、毛沢東は腐敗の蔣介石政府を倒した。しかし、いまの政府はどうだ。蔣の政府よりもひどいではないか。いまこそ毛沢東が再来するときなのだ」

「国と人民にとって災いな政府と政党は早く潰れてしまえ！　人民はそれを待ち望んでいる」

「腐敗と独裁の政府が潰れて、人民のための民主政府に取って代わられることは、歴史が証明している」

これらのコメントをネットでみたとき、筆者も一瞬、目を疑った。しかし、これらの過激な「反政府言論」は紛れもない事実である。

反政府的傾向にあるネット上の「言論解放区」が、いまの中国で活発に意見を発表していることの意味は大きい。専制体制の支配はもはや万能・盤石ではなくなったことの証拠であり、中国の社会と政治はこれから「革命的」激変を迎える兆候である。

牛刀氏以上に影響力を持つ、もう一人の「ネット名人」がいる。韓寒《かんかん》氏といい、弱冠28歳の若手である。

10年4月4日、米国の「タイム」誌は「10年世界でもっとも影響力のある100人」の候補者リストを発表したが、ノミネートされた5名の中国人のなかに韓寒の名があった。

韓寒氏は中国国内ではかなりの有名人である。彼は17歳のときに若者向けの「新概念」作文コンクール一等賞を受賞してから作家としてデビュー。18歳のときに書いた小説『三重の門』は203万部も売れ、ここ20年で一番のベストセラー小説となった。

受賞後には高校を中退して大学にも入らず、組織や団体にも属さない「自由人」となった。評論家の牛刀氏と同様、彼はいまブログでさまざまな社会批判をしているが、2006年からの4年間で、韓寒の書いたブログに全国から2億9600万以上のアクセスがあった。

「中国の大学教授全員を集めてきても、公衆に対する影響力は韓寒の一人に及ばない」と、中国人民大学教授の張鳴氏が悔しげに評しているように、韓寒は中国でもっとも影響力のある一人である。

体制の外にいる一「自由人」がそれほどの社会的影響力を持ったことは、共産党政権樹立以来の珍事であるが、韓寒がそれほどの力を持つようになったのは、いっさいの権威を認めない「傲岸不遜《ごうがんふそん》」の態度と、政治的・社会的不正に対する彼ならではの辛辣な批判である。

たとえば「中国が文化大国にならないことの理由」について、韓寒は次のように評している。

「中国の指導者はそもそも文化を持たない人たちだ。こういう連中が中国の文化を支配して検閲ばかりをやっているなかで、中国はどうやって文化大国になれるのか」

韓寒はまた、政府の「財政難」についてこう評したことがある。

「政府が税金をたっぷりとっているのに財政難に陥ったというのは、公務員による公費飲食や浪費が多すぎるからだ。それなら公務員の人数を減らせばよいのか。それは無理だろう。公務員の数が減ると政権自体は持たないからだ」

このように中国でもっとも影響力のある評論家として、若き韓寒は党と政府の指導者やその御用機関の作家協会や公務員などを俎上にのせて、辛辣な批判を浴びせ続けている。いまの中国で、韓寒という名は「反逆者」の代名詞ともなっているのだ。

温家宝批判がネットに続々と出現

一方で韓寒は、党による政治支配を真っ正面から否定するような言論は注意深く避けているし、党がとくに警戒している民主化運動などの「反体制活動」とも一線を画している。

そういう意味では、同じ「反逆者」といっても、韓寒は劉暁波《りゅうぎょうは》氏などの「08憲章世代」

とはまったく違ったタイプである。彼は政治的権威と権力を心底軽蔑していながらも、明確な理念と主張に基づく政治的反乱には興味があるわけでもない。それはまた、韓寒が代表する「ポスト天安門世代」に共通した政治感覚であろう。

しかし「韓寒世代」の政治感覚は政権にとって、より厄介かもしれない。政治的権威をいっさい認めない韓寒流の反逆精神が一種のスタイルとして若い世代に定着すれば、専制政権の「溶解」が避けられない。「韓寒」と政権との目にみえない攻防は、これからどのような展開になっていくかが楽しみである。

牛刀氏や韓寒氏などがオピニオンリーダーとして活躍していることもあって、ネット世論と称するものはいまや未曾有の盛況ぶりを呈している。そのなかで「牛刀ブログ」の場合と同様、ネット世論による批判の矛先は政府、あるいは政府関係者に集中してきている。

2011年3月14日に閉幕した中国人民政治協商会議の席上、委員の中国招商銀行馬蔚華行長が「中国の住宅価格が上昇したのは、国民が金持ちになったからだ」と発言したのに対し、全国のネットで批判の嵐が巻き起こった。たとえばネットの掲示板では、「金持ちの腐敗高官はわれわれ貧乏人をからかっているのか」「これは人間の言うことではない、ただの畜生だ」「この国の高官に良識がないのは知っているが、頭も悪いのか！」などと、住宅価格の暴騰に苦しむ庶民たちは、憤懣《ふんまん》を込めて容赦のない罵声を浴びせてきた。

いまの中国のネットでは、辛辣な言葉で高官を罵倒することが一種の流行になっている観があるが、実は高官のトップの温家宝首相でさえ、その「餌食《えじき》」となっているのである。

11年2月27日、温首相は「新華網」という政府系サイトで一般のネットユーザーとの対話を行い、不動産価格の暴騰に言及して、「それを断固として抑制する」との決意を表明した。しかし、返ってきたユーザーたちの反応は驚愕すべきものだった。

「彼は言うことは言うが、何も実行しない」

「昼間なのに、この人は寝言でも言っているのか」

「温首相はいままで何回も不動産価格の抑制を口にした。しかし、彼が〝抑制〟と言った後に、価格はかえって暴騰するのだ。われわれは誰を信じればよいのか」

「この人は馬鹿なのか、天真爛漫《てんしんらんまん》なのか。それともわれわれのことをただの愚民だと思っているのか」

「不動産価格の抑制なんか冗談じゃない。政府が土地を売って潤っていることは誰でも知っている。彼らこそが不動産暴騰の元凶ではないのか」

これらがネット上の掲示板に書き込まれた「温家宝批判」の一部だが、中国国内のサイトで、この国の総理大臣を罵倒したり嘲笑したりするような「暴言」が堂々と放たれるようになったとはまさに驚くべき事態だ。招商銀行馬行長のレベルの幹部ならいざ知らず、絶大な権威と権力の象徴である共産党政権の首相までもが、民衆から罵声を浴びせられたり恣意に嘲られたりする対象に成り下がった。タブーの一つがまた破られたのである。

温首相本人あるいは共産党政権は、これらのコメントに対して何かしら対処したわけでもない。彼らはむしろ、このようなあからさまな「不敬」を甘受している様子である。その理由は、温首相が前述のネット対話を実行した同日の2月27日、中国のネット上で各地の反政府デモの実施が呼びかけられたことを想起すればわかるだろう。

国民の不満が高まってきて、いつ爆発するかわからないような状況のなかで、政権としては力ずくで反政府運動を押さえ込む一方、できるだけ平身低頭して民衆の声に耳を傾ける姿勢を示しておきたいのであろう。そうすることによってガス抜きをする思惑もあるはずだ。

一方の民衆側も政権の心理を見抜き、その「弱み」につけ込んでますます大胆になってきている。このままでは民衆はタブーの一つひとつを破っていって、共産党政権そのものの権威を嘲弄《ちょうろう》するまでに「増長」していく様子が目にみえる。

いまの中国ではチュニジアの「ジャスミン革命」のような動きが政権の力によって封じ込められている一方、目立たないところで地殻変動も起きているのである。

海外に逃亡するエリートと富裕層

民衆は暴動やネット批判などで政権への反抗を試みているが、中国のエリートたちはいったい何をしているのか。

本章で取り上げた「四大古典小説」にちなんだ小話に、中国のエリートたちが『西遊記』を実行に移しているとの話があったが、それは空想の話ではなく、現実に起きている話である。

中国国内紙の「経済参考報」は2010年11月10日、中国では現在、1970年代末以来の3度目の移民ブームが起きていると報じている。同新聞が行った関連調査では、2009年の中国から米国への移民だけで6万5000人にのぼり、しかもその大半はエリートや富裕層であるという。彼らの移民先は主に、米国を筆頭にカナダやオーストラリア、シンガポールなどの先進国である。

2011年4月に公表された中国社会科学院の関連報告書でも、「中華人民共和国史上

3度目の移民ブームが起きており、中国は世界最大の移民輸出国家となりつつある」と指摘している。

同報告書によると、70年代末に鄧小平の「開放路線」の実施で海外の情報が入ってくるにつれ、多くの中国人は先進国と当時の中国とのあまりにも大きな経済格差に衝撃を受け、われ先にと海外への「逃亡」を始めたことが最初の「移民ブーム」であるが、90年代初頭には2度目の移民ブームが起きたという。天安門事件直後の閉塞した政治・経済情勢がその背景にあった。

しかし現在進行中の3度目の移民ブームでは、まったく様子が違っている。中国経済が諸先進国のどこよりも成長しているなかで、わが世の春を謳歌しているはずのエリートや富裕層が群をなして海外へと逃げているのはなぜなのか。

それに答えるために、前出の「経済参考報」の記者たちは当事者たちをつかまえて取材を行った。すると、多くの富裕層を海外移住に駆り立てた要因は、中国国内の環境汚染や食品・医薬品の安全問題、公共サービスの悪さや社会的不平等さ、法制度の不整備と権力の横暴、投資・ビジネス環境の悪化などであることが判明したという。

いってみれば、「中国」そのものに対する中国人自身の嫌気と不信感こそが、現在の移民ブームを引き起こす要因となっているのである。

10月に発売された「英才」という月刊誌で、北京師範大学金融研究センターの鐘偉教授が論文を寄稿して同じ問題を取り上げている。彼が出した数字によると、過去10年間、中国から海外への移民数は年平均45万人にのぼり、彼らが外国へと持っていった資産は約2500億ドルであったという。ちなみにこの金額は、中国の政府と国内企業がいままで行った海外への直接投資の2倍である。

鐘教授は「足による投票」という面白い新造語を使って、いまの移民ブームの本質を突いている。民主主義国家では選挙のとき、人々は投票によって自らの政治意思を表明するが、中国ではそんなことはできない。そのため足を使って中国から逃げることによって、この国の現状に対する自分たちの意思を示しているのである。

要するに中国のエリートや富裕層の大半が中国に見切りをつけ、「大逃亡」をしているのである。

そのことはまた、中国という国の危うさを示しているわけだが、このような現状がありながらも中国への進出を試みようとする日本企業は後を絶たない。いったい何を考えているのであろうか。

政府系新聞が地方政府のインチキを暴いた！

中国からの脱出を試みたエリートがいる一方、中国に踏みとどまってなんとか体制を変えようとする知識人もいるが、彼らも最近、体制や政権とは一定の距離を置いた立場から政府批判を始めている。

そこから起きた現象の一つが、国内のマスメディアによる政府批判である。

マスメディアと国家体制の関係といえば、中国のような一党独裁の政治体制下ではメディアは体制の一部として政府の弁明と擁護に徹するのが常識であるが、いまの中国ではこの常識をひっくり返すような出来事が起きている。

２０１１年１月５日、著名全国紙の「光明日報」は、ある暴露記事を掲載した。重慶市開県や吉林省永吉県の地方政府が、ウェブ上で県民を対象に「行政に対する満足度調査」を行った際、「満足度」が常に50％以上となるようなインチキを行っていることを暴いたのである。独裁体制の一部である地方政府が民衆を相手に「満足度調査」を行うようになったのも驚くべきことだが、そのインチキが政府系の新聞によって暴かれたことは実に興味深い。

その前日の４日、共産党中央委員会の機関紙である「人民日報」も「政府批判」をやった。各地方政府が中央政府のバブル抑制政策を無視して不動産価格の暴騰を助長したことを、厳しく批判する論文を掲載したのである。党中央の機関紙がこのような論文を掲載したことは、地方政府が「党の指導」から距離を置き始めていることを示すと同時に、メディアと政府の関係が従来のような「一心同体」ではなくなったことの証でもある。

10年12月中旬、経済専門紙「第一財経報」と中央官庁の国家発展改革委員会との間で展開されていた「華麗なる喧嘩」も注目すべきである。

12月13日付「第一財経報」は、政府が行政命令によって食用油の市場価格を無理やり抑えつけたことに対抗し、一部の食用油生産メーカーが生産停止に踏み切ったことを報道したが、物価の管轄機関である国家発展改革委員会はその日のうちにウェブ上で声明を発表し、「報道されたような事実はまったくない」と強調した。

中央政府が報道に対して「声明」を発表して反論することは、以前の中国では考えられない事態であり、さらに驚くべきことに、当の「第一財経報」は一歩も引かず、翌14日に国家発展改革委員会の声明に対する反論の声明を掲載して、反撃に打って出たのである。

国家発展改革委員会の前身は、国家の経済運営の要を握る「国家計画委員会」であり、いまでも中央政府の中枢部門であるが、いまや一新聞社の喧嘩相手に成り下がっているのである。

新聞が政府批判を盛んにやるようになった背景には、近年来の市場経済の広がりと大いに関係がある。市場経済が広がると、多くの人々は党や政府に頼らずに生活の糧を得られるようになるから、彼らは徐々に党と政府の支配から免れつつあるのだ。

中国におけるインターネットの発達も大きな原因の一つである。ネットというのは基本的に誰でも自由に発言できる場所だから、普段ではできない政府批判が往々にしてネットを中心にして展開される。ネット上の奔放な政府批判は、従来のメディアのあり方にも多大な影響を与えるから、世論全体が政府批判に傾いていくことになるのである。

現体制下で、本来なら政府と一蓮托生の関係にあるメディアが、その矛先を他ならぬ政府に向け始めたことの意義は大きい。情報と世論を徹底してコントロールすることで成り立つ党と政府の「一枚岩」専制体制に、大きな亀裂が生じてきているのだ。

「政府を批判してはいけない」という長年のタブーがいったん破られると、後はもう留まるところを知らない。「政府はけしからん」と言うのが流行るようになった暁には、体制の崩壊も間近だといえる。

「われわれの税金を使って空母を作るな」

メディアや知識人による政府批判が広がっているなかで、もっとも注目すべき「反骨の知識人」の一人は、著名な経済学者である茅于軾《ぼううしょく》氏である。茅氏は中国社会科学院の研究員だったが、定年になってからは民間研究機関である天則経済研究所の所長を務めている。

茅氏は時々、経済や政治問題に関する大胆な発言で注目されるが、2011年3月25日に自らのブログで発表した論文は、人々の度肝を抜いた。

彼はなんと、中国軍が進めている航空母艦の建造計画に批判の矛先を向けたのである。「われわれの税金を使って空母を作るな」というタイトルで、コストと税金の効用の視点から独自の「空母無用論」を唱え、中国は軍拡ではなく軍縮を推進することで、名誉ある地位を勝ち取るべきだとも提言している。

茅氏の個人ブログで発表された論文は多くのウェブサイトで転載され、反響を呼んだ。筆者もこれをネット上で読んだときは驚きを禁じえなかった。政府の経済政策などを批判する意見は中国国内でも目にすることはあるが、政権の進める軍拡路線に異議を唱え、泣く子も黙る中国軍の空母建造計画を真正面から批判するとは、驚天動地《きょうてんどうち》の出来事である。

さらに注目すべきなのは、茅氏が「納税者」の立場から批判を行った点である。おそらく「納税者の立場からの批判なら、政権からの迫害を免れる」と判断したのだろうが、その背景にあるのは中国における「納税者意識」の高まりであろう。

「Ｙａｈｏｏ！　中国」で「納税者意識」という意味の中国語単語を入れて出てくる検索結果の件数は50万件以上にもなることから、中国で「納税者意識」が浸透していることがわかる。最近では、３月に開催された中国政治協商会議の席で、政治協商委員を務めた弁護士の馬虎成氏が納税者の「知る権利」の視点から政府の「財政透明化」を求めた例や、11年1月6日号の「中国新聞週刊」が「わが国における納税者権利意識の目覚め」と題する記事を掲載して「納税者権利の保護」を提唱した例など、納税者意識の広がりを示すような動きは多くみられる。

この国における納税者意識の高まりは大きな意味を持っている。中国では「官」が上で「民」が下、権力が「主」であって民衆が「僕」であるという考え方が根強くあり、専制政治の思想的支柱ともなっているが、「われわれ納税者こそが主だ」との意識がいったん台頭してくると、中国数千年の政治体質を根底から変えていく可能性が出てくるからである。

どこの国でも、納税者意識の確立こそが民主主義の成り立つ根幹であるから、中国における納税者意識の高まりは、民主化推進の一助となろう。「中国新聞週刊」の記事は、遼寧省撫順市財政局が「業務用」と称してIT機器を大量に購入しようとしたところ、ネット上の反対の声に押されて断念したという実例も紹介しているが、それはまさに、「納税者の民主主義」が中国で小さな一歩を踏み出したことの証であろう。

そして、学者の茅氏が「納税者の権利」を盾にして空母建造に反対したのと同じように、中国国民の多数が、納税者の立場から共産党政権の政策やその独裁的体質に「NO」を突きつけ始めたときに、われわれはようやく中国における民主主義の夜明けをみることができるのである。

中国政府に対する市場経済の逆襲

政府や体制に反乱を試みたのは、知識人やメディアだけではない。民間企業の反抗も目立つようになっている。

本書で大きく取り上げているインフレ率の上昇という背景のもと、「値上げ」問題を巡って、民間企業と政府との間で繰り広げられている多くの攻防もその一つである。

2011年5月6日、中国の国家発展改革委員会は、家庭用品メーカーのユニリーバ

（英蘭系）が「日用品の値上げは避けられない」と言いふらして値上げ観測をあおったとして、同社に200万元の罰金を科した。それに先立って中国国内の原材料価格高騰の影響を受け、ユニリーバは洗剤やせっけんなどの主要製品を5〜15％値上げする方針をいったん固めたが、当局からの「行政指導」を受けて、それを断念した経緯がある。

中国国内の原材料価格は現実に高騰しているから、生産メーカーとして製品の値上げを考えるのはやむをえないし、企業の当然の権利でもある。しかし中国では、それが許されない。政府はいまインフレの抑制を急務としているから、この方針に沿って露骨な行政干渉がなされるのである。

この数カ月間、人件費や物価が高騰して生産コストが上昇していくなかで、多くの内外企業がユニリーバと同様、製品の値上げを予定していたが、当局によってことごとく封じ込められた。いまの中国では、どこかの企業が値上げを言い出した途端、経営のトップがただちに官庁に呼び出されて「行政指導」を受けるのが日常となっている。この国の「市場経済」とは、名ばかりのゴマカシである。

しかしながら、当局の理不尽な行政干渉に対して、一部の企業はついに反撃に出た。中国の浙江省や湖南省などの一部地域で深刻な電力不足が発生しているが、それは市場の原理を無視した行政干渉に対する電力会社の反抗の結果である。

その経緯はこうである。発電の原料となる石炭の価格が暴騰して、採算が合わなくなった電力会社は、料金の値上げをしようとした。しかし政府の行政命令によって止められ、その結果、電力会社が発電すると赤字になるという現象が起きた。そこで多くの電力会社は、「整備の点検・修理」と称して発電機能の一部を停止させて、赤字を減らそうとした。5月13日の「中国青年報」が報じたところによると、全国で、半分以上の発電設備を「点検」に回す企業が続出しているという。まさに集団的反抗の広がりである。

発電会社にしてみれば、このような非常措置に踏み切るのは市場の原理に沿った自己防衛策である。しかしその結果、多くの地域で電力不足という深刻な事態が起きてしまい、中国経済と経済運営の責任者である当局が苦しむことになった。力ずくで市場原理をねじ伏せようとする政府のやり方が、完全に裏目に出たのである。

5月30日、この攻防についに決着がつけられた。国家発展改革委員会はその日、湖南や重慶などの15の省・直轄市で工業用の電力料金の引き上げを表明した。電力会社の造反に屈服した形での意思決定である。

それに先立って26日、製品の値上げを政府によっていったん止められ、おまけに罰金まで課せられたユニリーバはついに「わが道を行く」と腹を決めて、値上げに踏み切った。一部製品の値上げ幅が10％以上となる本格的な値上げだが、当局は一転して、「値上げは企業の権利」と言ってそれを認めた。

市場の原理を盾にした民間企業の反乱は、こうして完全な勝利を収めた。「民」は「官」に勝ったのである。

局長の罵倒「ぺいぺいには公平は要らぬ」がネットで流布

２０１１年５月に、「官」に対する「民」の勝利を意味する別の事件も起きた。

11年2月、吉林省遼源市《りょうげんし》の環境保護局で、局の幹部と一般局員が受領する冬のボーナスに大きな差がついたことに対し、「不公平だ」との批判が局内で巻き起こった。すると、局長の郭東波氏は全局大会で逆上して、「何が不公平だ。お前らぺいぺいには公平なんか要るもんか。まったくの恥知らずだ」と、局員たちを罵倒した。

しかし思わぬことに、そのときのスピーチが誰かに録音された。そして5月22日、この「誰か」によって発言の内容がネットに流されて全国に広がった。案の定、ネットの世論空間では、「ぺいぺいには公平は要らぬ」という郭局長の暴言に対する批判の嵐が吹き荒れた。2日後の24日、遼源市共産党委員会はこの問題発言の真相に対する調査に入り、さらに2日後の26日、当の郭局長は責任を取って辞職した。

一時前の中国では考えられないような事態だが、民衆の反発を前に、一人の共産党幹部の首が簡単に飛んでしまうのである。もちろんそれは、「社会的公平の実現」を標榜する共産党政権の「理念」を逆手にとっての批判が功を奏したわけだが、いまの中国では「民意」や「民意からの批判」がかつてないほどの力を持ち始めている。

一方、「民」の不満が無視されたことの危険性を、政権が思い知らされる事件もあった。11年の5月26日、江西省撫州市にある地元政府庁舎など3カ所で連続爆破事件が発生し、少なくとも3人が死亡した。再開発などのため地元政府に自宅を取り壊されたとして長年にわたり抗議活動を続けていた男の犯行であることが判明した。事件4日後の5月30日、胡錦濤共産党総書記は政治局会議を開いて「中国はいま、社会的矛盾が突出する時期である」と認めたうえで、安全維持のための「社会管理の創造的刷新」を訴えた。一人の男の抗議行動が政権に与えた影響の大きさを物語っているが、政府側ははたして何らかの「創造的刷新」ができるのだろうか。

このようにして、11年5月の1カ月間、「民」は実にさまざまな形で「官」に対する反乱を試み、思わぬ勝利を収めた。その一方、政権は市場の原理と民意の力により不本意な全面敗退を余儀なくされながら、いまの支配体制をどう維持したらよいのかと苦慮しているようだ。

中国の激変を予感させる地殻変動は、すでに始まっているのである。

第六章 軍事大国の脅威と恐ろしさ

「先軍政治」の恐怖

２００９年３月13日に閉幕した中国の全国人民代表大会（全人代）では、当年度の国防予算が14・９％増となり、世界中に衝撃を与えた。09年の政府予算は、前年と比べれば財政赤字が６倍以上も膨らんだわけだが、それにもかかわらず軍事費は大幅に増加したのである。

09年は中華人民共和国成立60周年にあたり、同年３月11日、全国政治協商会議に出席した中国軍の羅援少将は、10月１日に天安門広場で行われる予定の軍事パレードに触れ、「世界中に中国の実力をみせつけ、敵への威嚇《いかく》にも効果的だ」と語ったという。胡錦濤政権が「平和的台頭論」を唱えて国際社会の「中国脅威論」の火消しに躍起になっているなか、「力による威嚇」の論理が現役の軍人から堂々と吐かれたことは、軍の傍若無人ぶりを如実に語っている。

3月24日付の香港紙は、中国軍が最近、将兵の給与を大幅に引き上げることを決定したと報じている。最大の引き上げ幅は50%で、新兵の月給が約1000元に上がるという。

当時の中国では就職難が深刻化しており、大卒の初任給が1000元以下に抑えられるケースも多かった。中卒でもなれる解放軍新兵の月給が、大卒の初任給を上回ることから、軍がどれほど優遇されているかがわかる。

同年の3月、中国国防部の梁光烈部長は、日本の浜田靖一防衛大臣(当時)と会談したとき、国産の航空母艦建造の意思を明確に表明した。中国軍は「海洋制覇《せいは》」の道への、さらなる一歩を踏み出そうとしているのであろう。

しかしその一方、温家宝首相自身も認めているように、09年は中国の経済と社会にとって「大変困難」な年でもあった。経済が失速して財政収入が減り、失業者が増えて人民の生活が脅かされていた。こうしたなかで中国政府が幹部の公費外遊に対する禁止令を出したのも、国内事情に対する配慮からであろう。しかし軍に対しては、欲しいものはすべて与え、やりたいこともやらせる方針のようである。

あたかも北朝鮮の「先軍政治」(すべてにおいて軍隊と軍事を優先する政治)が、そのまま中国に移植されてきたかのような光景である。

同年の10月1日、中国は建国60周年を記念して、北京の天安門広場を中心に盛大な祝賀祭典を行ったが、その目玉は独裁国家ならではの大掛かりな軍事パレードだった。

身長や体格などで選ばれた解放軍士官と兵士からなる陸海空三軍の方陣が意気揚々と天安門広場を闊歩した後、最新型遠距離ミサイルから最新型主力戦車までの精鋭兵器が次々と登場して人々を驚かせた。

パレードを中継した中央テレビからはアナウンサーの興奮気味の声が流れてきて、「わが偉大なる解放軍」に対する最大限の賛美と、「実力をもってわが国の平和を守ろう」とする決意のほどが語られた。

そのとき筆者が思い出したのは、この日の1週間前、ある日本人の評論家と一緒に訪ねた、北京市内の中国人民革命軍事博物館であった。

博物館の展示は「兵器館」と「戦争館」からなるが、兵器館では上記のパレードと同様、ありとあらゆる兵器やその模型が陳列されていて、「実力とはこういうものだ」と言わんばかりであった。そして「戦争館」では、解放軍が誕生して以来の戦争の遍歴が時代順に展示されており、その特徴は解放軍の戦ったすべてが「正義の戦争」として称えられているのである。武力への礼賛《らいさん》とともに、戦争そのものに対する正当化と賛美がここでの展示の主題であった。

館内には地方からやってきた多くの青年たちの姿もあった。

考えてみれば、この博物館の展示によって象徴されているような「軍事教育」と「戦争教育」を受けている中国の若者たち、あるいはテレビの前で例の軍事パレードを観覧した中国人民たちは、「軍」と「戦争」に対してマイナスイメージは持たないはずだ。おそらく彼らからみれば、戦争は賞賛すべき「正義の行為」であり、軍は誇るべき英雄の集団であろう。

このような戦争観と軍に対する意識は、戦後六十数年間のわが国日本で流布しているものとは正反対である。「戦争と平和」をテーマにした日本各地の博物館や展示館では、「戦争はすなわち悪、軍はすなわち悪玉」というのが定番となっており、政府が実力顕示や戦争賛美のために東京都内で軍事パレードを行うようなことはまず許されない。その結果、一般の日本国民や若者たちの「戦争」と「軍」に対する意識と感情は、中国人と対極にある。

「敵対勢力が中国の発展を阻止しようとしている」

ここでの問題は、中国が戦争と軍を賛美して軍事拡大の「先軍路線」を推進しているのは何のためなのかということだが、それを探るために、中国国内で書かれた「国防」に関する2つの論文をみてみよう。

2009年8月26日、人民日報社発行の国際情報専門紙の「環球時報」は、中国屈指の軍事戦略研究家である彭光謙氏の論文を掲載した。彭氏はもともと中国軍事科学院戦略研究部所属の研究者で、少将の階級を持つ軍人であった。定年退役後には民間の研究機関に勤めながら、軍事評論家として活躍している。このような背景から、彭氏の論は中国政府もしくは主流派エリートたちの共通認識を代弁しているとみることができる。

「国防の強化に一刻の猶予もない」と訴えた彼の論文には、いくつかの注目すべき点がある。

①冷戦後の現在、中国にとっての全面戦争の脅威は明らかに減少し、外部からの武装侵略によって国家の存亡が脅かされるような危機は、現実的なものではなくなっている。その代わりに、一部の国際的敵対勢力が中国の発展と強力化を快く思わず、中国の発展を

阻止しようとしている。

②そのため、敵対勢力は「台湾独立」「チベット独立」「ウイグル独立」を暗に支持して煽動し、中国の発展戦略を妨害する。また彼らは経済的・技術的手段を用いて、中国の経済秩序・金融秩序を攪乱《かくらん》することによって中国の発展を遅らせようとしている。

③したがって中国は今後、国家戦略の重点を自国の「発展権」の維持に置いて戦っていかなければならず、そのために必要なのは抑止力としての国防の強化であり、実力をもって自立自存を図り、実力をバックにして発展権を守ることである。

以上が彭氏の論文の骨子だが、要するに彭氏ら国家級の戦略家たちは、中国に侵略戦争をしかけてくるような国は存在しないことを認めていながらも、依然として「敵対勢力が中国の発展を阻止しようとする」という妄想に近い世界観をもって、中国の国防戦略を考えているのである。

あるいは彼らは、中国の軍事力のさらなる強化を正当化するために、このような独善的な世界観を意図的に吹聴しているのかもしれない。

大量の核兵器と世界屈指の軍事力を持っている中国の主流派の戦略家たちは、何らかの妄想や口実にこじつけて、「一刻の猶予もない国防力の強化」を訴えているのである。

着々と「戦争」の準備を進める中国政府

「国防」に関する中国の考え方をより明確に代弁しているのは、軍の機関紙に掲載された次の論文である。

２０１０年３月21日、中国人民解放軍の機関紙である「解放軍報」は一面トップで「評論員文章」（論説委員の文章）を掲載した。「軍事闘争準備の深化と拡大によりいっそう力を入れよう」というタイトルである。

ここでいう「軍事闘争」とは、「戦争」という言葉の中国共産党流の言い回しである。解放軍は自らの宣伝機関を通じて、「われわれはこれからも戦争の準備に力を入れるぞ」と宣言しているのだ。

文章の冒頭には、「軍事闘争の準備は軍隊の職務と使命であり、わが軍にとってもっとも現実的で切迫した戦略的任務である。軍のすべての活動は軍事闘争の準備を中心にして展開すべきである」とある。

解放軍にとっては、「軍事闘争の準備」は近い将来のことではなく、むしろ目の前の

「切迫した戦略的任務」なのである。なぜそれほどの緊迫感をもって「戦争準備」を語らなければならないのかに関し、評論員は次のように述べている。

「わが軍は軍事闘争準備の新しい歴史の起点に立っている。国際情勢とわが国の安全保障環境は大きな変化を遂げ、国益の範囲は日々拡大し、安全保障問題の領域は広がり続けているからである」

ここで注目すべきは、中国には安全保障上の脅威にさらされているような認識や危機感がまったくみられない点である。つまり解放軍自身も、いまの中国が国防上の危機に直面しているような状況でないことを認識しているし、現状もその通りである。

それにもかかわらず、解放軍はなぜ「中心任務」として戦争の準備を「深化・拡大」しなければならないのか。評論員は中国の国益範囲の「拡大」や「安全保障の領域の広がり」を主な理由としている。

この場合の「深化」や「拡大」は何を意味するのか。文章は具体的に論じていなかったが、その言わんとするところは、中国の国益や安全保障が、すでに中国自身の領土と主権の保全という伝統的な「国防」の範囲を超えて、新しい領域に拡大しているという意味であろう。その際、本土から離れた海への進出や国際地域での覇権争いなども、この「新しい領域」に含まれているのである。

このような「領域の拡大」に対して、解放軍は「新しい歴史の起点に立つ」意気込みで、「軍事闘争準備の深化と拡大」を宣言している。それは当然、侵略から国を守るという従来の守備範囲を超えて、より広い活動の地を求めようとする中国軍の意思表明であろう。中国が外国からの軍事的脅威にさらされていないのに、「軍事闘争の準備」を大いに進めようとする解放軍の真意はここにあるのだ。

もちろんそれは、単なる軍の独走や暴走などとみてはいけない。同じ10年3月に開かれた全国人民代表大会（全人代）の会議中、胡錦濤国家主席は軍の代表団と懇談した際に、軍の活動方針に関する「重要講話」を行ったが、前述の評論員文章は、胡主席講話に対する解説の体裁をとっている。そしてこの全人代において、中国初の「国防動員法」が成立したばかりである。この法律が成立することによって、中国政府の発動した戦争には、全国民がほぼ無条件に動員されるような「戦時体制」が整えられることになっている。

どうやらお隣の中国は、「軍事闘争＝戦争」の準備を着々と進めている様子である。

小中学生も軍事訓練を受けている

「軍事闘争の準備」において重要なことの一つに軍事教育があるが、それは中国で盛んに行われている。2011年6月10日、共産党機関紙の「人民日報」は、中国国防大学の教育活動に関する注目の記事を掲載した。解放軍の「最高学府」である国防大学は現在、外部向けの「国防研究コーナー」を開設して、中央官庁や各地方政府の幹部などを集めて研修をさせているという。国有大企業の経営陣までが、その対象に含まれているようだ。

幹部たちはここで、軍の指揮官になりきって戦争の模擬《もぎ》演習に没頭したり、「国防戦略」の策定に熱中したりしている、と報じられている。彼らの「国防意識と能力」の強化が目的らしいが、中国人民対外友好協会の会長を務める陳昊蘇氏が研修を受けた感想として、「軍事闘争に勝つ自信を深めた」と述懐しているのが印象的であった。

2001年に中国で「国防教育法」が制定されて以来、全国の小中学校・高校・大学の生徒たちも何らかの形で「国防教育」を受けることになっている。当局の公表した資料によると、この法律が制定されてから2010年の年末までの間、全国で2万校以上の小中学校で「少年軍事学校」が開設されており、高校と大学で実施されている軍事訓練の参加者は毎年2000万人に達しているという。

軍事訓練は小学生以下の子どもに及ぶこともある。11年5月31日、地方紙の「広州日報」は6月1日の「児童節（子どもの日）」を記念して幼児園の子どもに関する記事を掲載したが、それによると広州市内の龍華富通天駿幼児園の子どもたちは、5月30日に近所の解放軍駐屯地《ちゆうとんち》を見学した後に、解放軍兵士による1時間弱の軍事訓練を受けたという。広州市内の多くの幼児園も6月1日前後に同じような活動を展開しているという。

このようにいまの中国では、普段なら「国防」の仕事とは直接に関係のない中央官庁や地方政府の幹部たちが軍事研修に参加したり、全国の小中学生が「少年軍事学校」に通わせられたり、年間2000万人以上の高校生や大学生が軍事訓練を受けさせられたりして、「老若男女軍事一色」の「軍国化」体制作りが進められているのである。

本来なら外国との友好親善の増進を仕事とするはずの中国人民対外友好協会の会長が「軍事闘争に勝つ自信」云々を語ったり、幼い子どもたちが軍事訓練の対象になったりしている。この国は、いったい何をたくらんでいるのだろうか。

こうした「軍国化」体制作りの傾向は、近年になってますます強まってきている。冒頭の「人民日報」の記事によると、共産党は「党中央公文書」と称する正式文書を伝達し、「各級幹部の国防教育の強化及び国防大学の『国防研究コーナー』の開設の継続」を11年

4月11日に指示したという。

また「国防教育法」制定10年目でもある11年の6月から、法律実施の状況を検分するためのキャンペーンも教育部と中央軍事委員会の連携で始まっている。

11年6月には、西太平洋や南シナ海で中国海軍による危うい動きも再びみられた。中国国内の「軍国化傾向」がわかるであろうが、中国軍は確実に、その戦略的目標の達成に向かって動き出しているのである。

国家主席の顔に泥を塗った軍の暴走

軍の暴走がすでに始まっていると思わせる事件もあった。それは2011年1月11日、北京を舞台にした米中間の外交交渉の場での出来事であった。

この日の午後、中国の胡錦濤国家主席は北京にて訪中中のゲーツ米国防長官（当時）と会談したが、実は同日の未明、中国軍は次世代ステルス戦闘機「殲《せん》20」の初試験飛行を断行し、米国のみならず世界中に衝撃を与えた。

飛行のタイミングからすれば、ゲーツ国防長官の訪中に合わせた挑発的「デモンストレーション」としか思えない。その結果、北京滞在中のゲーツ国防長官は困惑し、その日に行われた胡錦濤・ゲーツ会談も異様な雰囲気となった。中国軍の試験飛行は、その後の米中関係にも多大な影響を及ぼした。

肝心な問題は、「殲20」の突然の試験飛行が、胡錦濤主席自身が指示したものだったのか、それとも主席の知らないところでの軍の独断によるものだったかであるが、筆者は後者ではないかと考えている。

試験飛行が胡主席の指示によるものであれば、それは当然、胡主席が飛行を実施することによって米国に圧力をかけ、自らの対米首脳外交を有利に進めるための策略だと解釈すべきだ。しかしそれならば、胡主席自身がゲーツ国防長官と会談する日に合わせて試験飛行を行う必要はない。会談の1週間前、あるいは数日前に行ったとしても効果は変わらないし、むしろそのほうが作戦としてはいいかもしれない。

外交の老獪《ろうかい》さにかけては世界一の中国首脳からすれば、ゲーツ訪中の1週間前に試験飛行をして実力を誇示し、ゲーツ国防長官の訪中の期間中にはむしろ「友好ムード」を作って米中協調を演出してみせるのが普通である。とくに今回の場合、胡錦濤主席が、ゲーツ国防長官の訪中によって米中協調演出をし、自分の今後の訪米の成功につなげたいという思惑はみえみえであった。

したがって胡主席の視点からすれば、ゲーツ国防長官が自分と会談する日と試験飛行を合わせ、ゲーツ国防長官を怒らせて会談の雰囲気を壊したいとは到底思わないだろう。このような子どもじみた「デモンストレーション」によって自分の立場が逆に悪くなることくらい、胡主席もわかっているからだ。

試験飛行の当日に行われた胡錦濤・ゲーツ会談で、ゲーツ国防長官からの「試験飛行は私の訪問に合わせたものなのか」という問いに対して、胡主席は「そうではない」と弁明するはめになった。格下である米国国防長官に対し、国家主席としてこのような弁明をしなければならないこと自体、面子《メンツ》丸潰《まるつぶ》れ以外の何ものでもない。オバマ大統領との直接対話を希望していた胡主席の首脳外交は、その準備段階においてすでに「下風」に立たされた格好である。この一点を取ってみても、1月11日に行われた「殲20」の試験飛行が、胡主席の主導によるものではないことは明らかである。

それどころか胡主席と彼の率いる「文民政府」が、今回の試験飛行を軍からいっさい知らされていなかった可能性さえ浮上してきている。

同じ1月11日に米国防総省の高官が明らかにしたところによると、ゲーツ国防長官と胡主席との会談で、ゲーツ国防長官が「殲20」の試験飛行に言及した際、胡主席と会談に同席した文民全員が、「この件についてはいっさい知らされていなかった」と言っていたという。

もしこれが本当であれば、それこそ中国を考えるうえで、看過できない衝撃的な事実となる。

一つの可能性として、胡主席は試験飛行を知っていたのに、対米外交の配慮から「知らない」と装っていたと考えることもできる。しかし、胡主席の立場を考えれば、このような可能性は極めて低いといわざるをえない。というのも、軍によって実行された重要な意味を持つ試験飛行を、軍事委員会主席で軍のトップでもある胡主席が「知らない」と言ってしまったことは、胡主席の信用失墜となるからである。

たとえば、どこかの会社の社長が自分の会社で起きた注目の出来事について「知らない」と言えば、その社長の社会的信用がただちに失墜するのと同様、今回の出来事は胡主席自身の権威と信用にとって大きなマイナスとなったはずだ。オバマ大統領も、胡主席の統治能力を疑うのは当然であろう。

自らの顔に泥を塗るほど、胡主席は馬鹿ではない。したがって胡主席が今回の試験飛行を知っていながら、わざと「それを知らない」と装ったとは考えられないのである。

中国には軍を統制する憲法や法律がない

試験飛行の実施は軍による独断である可能性が高いわけだが、それにより今後の米中関係と中国情勢の行方について大変重要な2つの結論が導き出される。

一つは、胡主席の率いる「文民政府」と軍との間で、対米戦略において深刻な亀裂が生じていることである。胡主席は在任中の最後となる2011年1月18日からの公式訪米によって米中関係を長期的に安定させ、それを自らの「歴史的功績」にしたかった。しかし、対米強硬路線を主張する軍がそれに反発して、「殲20」の試験飛行を断行し、「対米協調」を狙う胡主席の訪米を潰そうとしたわけである。つまり軍にとって、「殲20」の試験飛行は、米国に対する軍自身の強い意思表明と、胡主席の「対米協調」の妨害という一石二鳥の効果があったのである。

もう一つは、党の総書記と軍事委員会主席である胡主席は、軍の行動をまったくコントロールできていないということである。それは中華人民共和国成立以来、確立されているはずの「党の軍に対する絶対的指導権」という原則が崩れ始めたことを意味する。

中国の軍というのはもともと憲法の扱う範囲を超えた「超憲法」的な存在で、いままで「党による指導」以外に軍を統制する法律も力もなかったのだが、肝心の「党による指導」が崩れてしまうと、中国は軍の暴走を止められないのである。

それは中国だけでなく、日本を含む周辺国にとっても大変憂慮すべき事態であり、今後は中国軍の動向を注意深く警戒していかなければならない。

実際に中国政府はあたかも軍の暴走に引きずられたような形で、11年になって「平和的台頭」の仮面をはぎ取ろうとしている。

2000年代に入ってから中国政府がよく口にしている言葉の一つに、「平和的台頭」というものがある。中国政府はこの言葉を盛んに使って、「中国の台頭は平和的なものであって、決して皆様の脅威にならないよ」と周辺国にアピールしているのである。

もちろんそれは、最初から100%の嘘である。年々、軍事費が2桁増となっている中国の存在を、誰が「平和的台頭」と思うだろうか。中国政府が「われわれの出現は平和的台頭だ」と言うのは、現役の泥棒が「われわれの盗みは決して窃盗ではない」と宣言しているようなものだ。国際社会の警戒心を和らげるための偽装であり、軍国主義者の「平和の仮面」の最たるものであろう。

ただし、少なくともいままでは、中国はこのような仮面が必要であると考えて、「平和」を装って国際社会に協調する素振りをみせていたが、最近になって、このような態度にも変化が起きている。

その徴候の一つは、2010年の年末における中国人民大学の国際問題専門家である時殷弘氏の発言である。「人民日報」系のウェブサイトの取材のなかで、時氏は次のように語った。

「わが国の平和的台頭は中国政府が何年も前にした約束で、中国人民の利益にかなっているものの、国際情勢の変化にともなって政策は試練に直面している。将来的に中国は平和的台頭を堅持するとは限らない」

中国政府のブレーンとして知られる時氏による「重大発言」は、看過《かんか》できない重要なシグナルであろう。中国政府は「平和的台頭」という仮面すら必要ないと判断し、それをはぎ取ろうとしているのである。

仮面を取った後、中国はいよいよ世界各国に対し牙《きば》をむいてくるのであろう。その証拠に中国がロシアから入手した未完成空母の改造をすでに終え、年内にもその運用を開始して空母戦闘群の配備を始めるとの情報が、11年1月4日付の読売新聞で報道されている。

尖閣諸島問題で日本はどう対応するべきだったか

日本人が「中国からの脅威」を実感することとなった事件はすなわち、２０１０年９月初旬に沖縄県・尖閣諸島近くで起きた、中国漁船と海上保安庁の巡視船との衝突事件である。日中関係を震撼《しんかん》させた事件の背後に何があったのか。この事件の経緯と背景と日中関係の今後の行方を検証しておこう。

事件そのものの発生の経緯と経過はすでに報道されているから、ここでは割愛するが、問題はむしろ、事件が発生してからの日中双方の対応の仕方にある。

まず、中国側の動きからみてみよう。9月初旬に事件が起きてから、中国政府は外交ルートを通して日本に圧力をかけてきた。丹羽宇一郎《にわういちろう》中国大使を5回も呼び出し、「漁民と漁船の無条件返還」を求めたことは、中国にとっての「外交努力」でもあった。

一方で石垣簡易裁判所は9月19日、公務執行妨害容疑で逮捕・送検された中国人船長の拘置期限の10日間延長を決定したが、それ以降、中国は「交渉」から日本に対する「対抗措置」を全面に打ち出す方向へと転じた。

その結果、日中間の閣僚級以上の交流と航空路線の増便をめぐる政府間交渉に向けた接触の中止に続き、日本人青年１０００人の上海訪問が直前になって延期されたり、ＳＭＡＰの上海コンサートが中止になったりと、「報復」は日中交流のあらゆる方面に及んだ。

もとより、中国人船長の拘置期限延長を決める前から、東シナ海ガス田開発問題をめぐる両国間交渉が延期されるなど、「対抗措置」はすでに講じられていた。

「尖閣《せんかく》問題」とは本来なら無関係であるはずの日本青年団の上海訪問やSMAPの上海コンサートまでが「対抗措置」の対象になるというのは、国家による決定とは思えないほどの低レベルである。

石原慎太郎都知事が「ヤクザと同じだ」と評したこのようなやり方は、まことに恥ずかしい限りであるが、当の中国政府には「恥を忍んでも」そうせざるをえない、「苦衷《くちゆう》」があった。

今回の事件への対応にあたって、日本の領土であるはずの尖閣諸島の所属問題に関して、中国政府は中国の領土であることを主張して、一歩も譲らない姿勢をとっている。しかも、「中国の領土と主権を断固として守る」という「決意」のほどを、内外に向かって明確に宣言している。

しかしながら、尖閣諸島は紛れもなく日本の領土であり、日本国の実効支配下にある。日本の海上保安庁が尖閣諸島の周辺海域で中国の漁船を実際に拿捕《だほ》したことは、尖閣諸島が日本の領土として日本国の実効支配下に置かれていることの、何よりの証拠である。

中国政府はこのれっきとした事実を変えることはできない。「釣魚島（尖閣諸島）は中国の領土である」といくら主張していても、この島が日本の領土として日本国の支配下にある現実は変わらないし、中国に日米両国との全面的軍事衝突に突入する覚悟がない限り、中国は日本国の尖閣諸島領有と支配を手にする有効な手段は持たない。

漁船衝突事件の発生以来、最初は「反日」に燃えた中国の国内世論は徐々に中国政府の「無能」と「弱腰」に対する批判に転じていき、中国政府の立場はしだいに苦しいものとなっていった。

中国政府は国内世論からの「弱腰批判」をかわして「強い政府」を演じてみせるためにも、そして日本との「領土問題」に実質上の決着をつけられない自らの「無能」を内外の目から覆い隠すためにも、結局、冒頭から記述したような「八つ当たりの外交戦」を展開して、自らの立場を「強くみせる」以外に方法がなかった。強硬姿勢の背後には、「領土問題の決着がつけられないなら、せめて日本を大いに困らせてやろう」というヤケクソ心理や、交流の中止などで日本の政府と世論に揺さぶりをかけていく思惑もあった。

日本に対するレベルの低い「報復作戦」を展開していることは、中国政府の実質上の「無能無策」の表れであり、彼らが日本を制するための有効な手段を持っていないことの裏返しである。

本来なら、日本側としては、中国政府の展開する「対日報復外交戦」に動じることなく、もっと余裕を持って対応するべきであった。尖閣諸島は実質上、日本の領土として日本の支配下にあるわけで、中国の展開しているレベルの低い喧嘩に付き合う必要はまったくなかった。尖閣諸島が日本の領土である事実が変えられない現実において、中国政府が自らの作り出したジレンマに苦しんでいるのを静観していればよかったのである。

尖閣諸島問題は終わったわけではない

しかし悔しくも日本は、この程度の度胸も意気地も持ち合わせていなかった。2010年9月24日、逮捕・拘置中の中国人船長が突如、処分保留で釈放されることになった。那覇地検が、処分保留とした理由について「わが国への影響や、今後の日中関係を考慮した」と述べたことからわかるように、それは法に基づいた司法上の判断ではなく、むしろ中国に対する「政治的配慮」であった。

温家宝首相が9月21日に激しい口調で日本の対応を批判して船長の釈放を求め、「さらなる対抗措置をとる」との脅しをかけた直後に行われた那覇地検の決定であるため、中国政府からの圧力に屈したことの結果であることは明らかだ。

菅直人首相が9月24日の午前、訪問先のニューヨークでこの事件に関して「いまはいろんな人がいろんな努力をしている。もう少し、それを見守る」と述べたことも看過できない。同日の午後に那覇地検が釈放の決定を行ったわけで、それはどう考えても日本政府が那覇地検に何らかの圧力をかけて、「処分保留釈放」の決定を促したことになるからである。

日本政府は法治国家としての原則も誇りも捨て、日本の領土保全をないがしろにしてまで中国にひざまずいて降参したわけである。10年9月24日は、日本にとっての戦後最悪の「国家屈辱記念日」となった。

日本の全面的敗北を受け、9月末からは、中国側の対日姿勢に「軟化」の兆しがみえてきた。日本に突きつけた当初の「謝罪と賠償」の要求は影を潜《ひそ》め、中国外務省報道局長の口から「日中関係重視」の発言が出た。9月30日、中国当局によって拘束されたフジタ社員4人のうちの3人が解放された。

中国政府の態度が軟化した背後には何があるのか。

原因の一つとして考えられるのは、中国政府の理不尽な「対日報復措置」に対する国際社会の批判だ。9月下旬に入ってから米国の「ワシントン・ポスト」やシンガポールの有力紙などが相次いで中国批判の論評を掲載するなど、中国への国際社会の風当たりが強くなった。

もう一つの要因は、中国の国内事情だ。同年の10月15日から中国共産党中央委員会の年に一度の全体会議（五中全会）が開かれたわけだが、この会議においてポスト胡錦濤の後継者体制作りが山場を迎えることになっていた。国内政治上の大事な日程を控えているなかで、中国は外交上の波風を立てたくなくなったのではないか。

最後の要因として、中国政府の日本への「謝罪と賠償要求」に対して、日本側が拒否の姿勢を明確に示したことも大きかったといえる。9月26日、日本政府首脳が「拒否」と明言した直後から、中国の強硬姿勢に変化がみられたわけで、「毅然とした対中外交」の大事さが証明されたといえる。

このように10月に入ってから、事件は緊迫から収束に向かっているように見えるが、中国は本当に矛を収めて「対日友好」に転じるのだろうか。

実は、中国政府の対日姿勢の「軟化」がみられたのとまったく同じ時期に、それとは正反対の動きもあった。

10年9月27日に北京で行われた中露首脳会談で「第二次大戦終結65周年に関する共同声明」が調印されたが、「歴史問題」の蒸し返しから始まった反日色の強い「共同声明」は、中国がロシアと組んで「領土問題」での「対日共闘」をアピールしようとしたものであった。

そして9月30日、中国の新華通信社は共同声明の「歴史的意義」に対する解説の時評を配信したが、「釣魚島（尖閣諸島）」がそのなかで使われた。中国政府の意向を代弁したこの時評は、戦後、米国が尖閣諸島を沖縄と共に日本に返還したことを「ポツダム宣言に背いた勝手な行為」だと非難したうえで、それが「歴史の正義は実現されておらず、（戦争）犯罪も未だに清算されていないことの表れである」と断じた。

中国政府は、「尖閣問題」をわざと日本の「戦争犯罪問題」とリンクさせ、「歴史の正義」の大義名分を掲げて「犯罪の清算」の名目において、尖閣諸島の領有権を争おうとする構えなのである。

中国は決して矛を収めたわけではない。諸般の事情により日本との一時の「休戦」に入った中国政府は、むしろこの期間中に戦略を立て直し、日本との「第二ラウンド」に備えているのである。

彼らはおそらく、本来なら存在しないはずの「領土問題」を、正面から提起して攻勢をかけてくるつもりであろう。

「尖閣問題」は決して解決したわけではない。尖閣諸島の領有権をめぐっての日中間対立と争いは、まさにこれからなのである。

東日本大震災に中国人はどう反応したか

2011年3月11日、未曾有《みぞう》の大地震が日本を襲ってから、中国政府と国民はどのように反応したのかをみてみよう。

注目すべきは、震災の直後から中国のネットとマスメディアで、日本人に対する賞賛の声が続々と上がってきたことである。災難に際しての日本国民の沈着冷静さと秩序感覚、非常事態のなかでも人様に迷惑をかけない日本人の心構え、「震災後の品不足のなかで便乗値上げがみられない」という「摩訶《まか》不思議」な現象など、震災のなかで日本人のとった行動のすべてが感嘆と賛美の対象となっている。日本では「当たり前」とされる事柄が多くの中国人にとっては衝撃で、彼らは大いに感心したようである。

そのことの持つ意味は大きい。日本国民は、自らの行いをもって江沢民政権以降の反日教育が中国国民に植えつけた「悪魔的な日本人像」の一角を崩したことになるのと同時に、中国人自身の意識変革のきっかけともなりうるからだ。というのも、震災に際しての日本人の美徳に対する賞賛の背後にあるのは、まさに中国社会の「美徳の喪失」への深刻な反省だからである。

要するに多くの中国人が、日本人の行いを目の当たりにし、「道徳崩壊寸前」といわれる中国人の行いの醜さを鑑《かんが》み、「われわれはいったいどうなっているのか」と自問しているのである。

震災の最中、日本人に声援を送ったり、実際に支援を呼びかけたりする動きが中国でみられたことも特筆すべきであろう。

中国の100名の学者が「人民日報」傘下の「環球時報」で「日本に温かい支援の手を差し伸べよう」と題する声明を連名で発表したことや、中国映画『唐山大地震』の馮小剛監督が50万元(約602万円)を被災地に寄付したことなどは、その最たる例である。

台湾では馬英九《ばえいきゅう》総統夫妻も登場して、21億円の義援金を集めたチャリティーイベントが開催された。

それと比べると、中国国内の震災支援の動きは小規模なものにとどまっているが、このような人が出ていること自体、実に喜ばしい。筆者も、かつての祖国から「日本支援」の声が聞こえてきたことを大変嬉しく思っている。そしてそれは、市場経済の発達とともに、中国にも「市民社会」が広がっているためで、中国人が人間尊重や人道主義などの「普遍的価値」に徐々に目覚め始めたことの表れでもあろう。

その一方、「日本支援」を主張する一部の有識者やマスコミの論調のなかには、次のようなものもある。曰く、「わが中国は文明度の高い大国であるから、懐が深く、包容力が大きい。したがってわれわれは、日本民族の犯した罪を傍らに置き、いまの日本人民に救いの手を差し伸べるべきだ」という。

この論調は、「歴史」の視点から日本への一方的な断罪を堅持しながら、「日本人に懐の深さをみせてやろう」という「日本支援論」だが、その背後にあるのは中国人自身の屈折した「被害者意識」と、近隣国を上から見下ろすような「中華思想」だ。こういう論調を読むと、中国人の対日観はやはり旧態依然であろうと思わざるをえない。彼らにとって日本人は、歴史の「原罪」を永遠に背負っていかなければならない「犯罪民族」であり、これからも平身低頭《へいしんていとう》して「大国中国」を下から仰ぐような「小日本」でなければならないのである。

支援を申し出た後に豹変した、中国の裏の顔

東日本大震災に際し、中国政府は日本に対してさまざまな支援を行った。そのなかには人命救助隊の派遣や軽油の無償提供など人道主義的立場からのありがたい支援もあったが、意図するところがかなり怪しいと思われる支援の申し出もあった。

それは3月15日、中国の梁光烈国防相が自ら表明した、中国海軍の病院船を日本に派遣して救援活動に参加したい、というものである。

病院船といえども、この船は明らかに中国海軍の戦力の一部であり、いわば軍艦に準ずるものである。中国軍がそれを日本に派遣したいと考えた背後には、何らかの隠された意図があると疑いたくなるのである。

というのも近年、中国海軍は東シナ海から津軽海峡までの日本近海付近に頻繁に出没し、日本に大きな脅威を与えてきたからである。そして、中国海軍の進めている「第一列島線と第二列島線以内の海を制覇する戦略」こそが、日本の安全保障と国家存立にとっての最大の脅威であるからだ。

日本にとっての脅威となっているはずの中国海軍は、何のために艦隊の一部となる病院

船を日本に遣わしたいと思っているのかが疑問となるが、よく考えてみれば中国海軍は日本にとって脅威だからこそ、そして中国海軍自身もそのことをよくわかっているからこそ、今回の病院船派遣の申し出があったといえるであろう。

中国海軍による派遣申し出の目的はすなわち、海軍が日本での救援活動に参加することによって、日本人の中国軍に対する警戒心を和らげ、日本人に浸透しつつある「脅威としての中国海軍」のイメージを払拭することにあるのではないかと考えられる。

もし中国海軍の病院船が実際に震災地域の海辺にやってきて救援活動に参加した場合、日本でどんなことが起きるのであろうか。おそらく日本中のマスコミはそれを大きく取り上げ、日本人が中国軍によって救助されるような映像が日本全国に流され、ニュース番組のキャスターやゲストたちが口をそろえて中国軍に感謝と敬意を捧げたであろう。

中国政府と中国軍も当然、このような宣伝効果を十分に理解したうえで、病院船の派遣を申し出たと考えるべきだ。そして、「脅威としての中国海軍」のイメージを払拭することにより、日本の周辺の海における中国海軍の活動を展開しやすくし、中国軍の海洋制覇戦略がより順調に進められるように環境を整備していくことこそが中国政府と中国軍の意図であり、戦略的深謀遠慮《しんぼうえんりょ》であろう。

狼が羊の皮を被って騙しにかかってきたというのが、病院船派遣申し出の真相であると筆者は思う。

日本政府は結局、中国海軍の病院船派遣の受け入れを「断念」し、派遣の申し出を断った。中国側の意図を察知しての判断であったかどうかはわからないが、至極当然の決定である。

しかしながら日本側が「病院船の受け入れを断念」と発表した3月26日の当日、中国側はすぐさま「震災支援」とは正反対の行動に出た。その日の午後4時45分頃、東シナ海の中部海域で、中国国家海洋局所属とみられるヘリが、警戒監視にあたっていた海上自衛隊の護衛艦《ごえいかん》「いそゆき」に異常接近した。日本政府は抗議したが、中国政府はいつものように開き直って、自らの挑発行為を正当化した。そして4月1日、今度は同じ中国国家海洋局の小型機が東シナ海の公海上で、警戒監視中の「いそゆき」に水平距離約90メートル、高度約60メートルまで接近し、2周ほど周回した。

日本が未曾有の大震災への対応に追われている状況での度重なる挑発行為は、まさに「火事場の泥棒」と称すべき卑劣なものであるが、下心からの「病院船派遣申し出」が断られた途端、中国政府はすぐさま本性を現した。狼は羊の皮を脱ぎ捨て、その凶暴さをむき出したわけである。

この一件からも、中国という国の不変な体質が浮かび上がってくるのではないか。

中国の「3400万人余剰男」と狙われる日本人女性

2010年11月、中国南開大学人口発展研究所は、中国における男女人口の不均衡に関する調査結果を発表した。2006年時点で中国の0〜26歳の若年層において、男が女よりも3402万人多いという。

一般的に出生比率は女100に対し、男は103〜107とされるが、中国では2008年のサンプル調査で100対120・56だった。

これはいうまでもなく、「一人っ子政策」が長く実施されたことの副作用である。とくに農村部で男の子を求める傾向が強く、女の胎児の中絶の横行が、男女比率の不均衡を引き起こしたのである。

問題は、3400万人の余剰男《よじょう》が今後どうなるのかである。少なくとも中国国内に限定して考えれば、この3400万人は将来、結婚する相手がみつからないであろう。中国の経済が繁栄しようとどうなろうと、彼らの結婚相手となる女性3400万人分が足りないのである。

中国政府としてはこの問題を見過ごすことはできない。放置すると、結婚できない３４００万人の男たちの行動が、犯罪や騒乱の多発にもつながるからである。

中国政府としてはなんとしてもこの問題を解決しなければならないが、そのための方法は一つしかない。それは問題を中国外部に転嫁させることである。要するに、中国国内では男女比率の不均衡で「嫁不足」は決定的なものとなっているため、この余った３４００万人の男たちを外国に出してしまい、滞在国の女性と国際結婚させることによって、一挙に「解消」してしまうのである。

そのやり方は２つある。一つは日本などの諸先進国が直面していくであろう労働力不足の問題につけ込んで、それらの先進国へ「余った」男たちの大量移民を組織的に行う戦略である。その際、相手国の政府の協力が不可欠だが、たとえば日本の場合、大政党のなかでも「１０００万人外国移民の受け入れ」を提唱している政治家もいるので、中国にとって好都合であろう。

この方法でも問題の解決につながらない場合、中国は次のような方策をとってしまう可能性もある。19世紀に流行った植民地政策の真似をして、軍事力を背景にした正真正銘の

「植民」戦略を推進するのだ。

つまり理論的には、どこかの周辺国を占領して自国の余った男たちをそこに送り込み、「植民地」となった国での強制的な「通婚政策」の推進によって、問題の解決を図るのである。

これらはあくまでも、理論上の想定ではあるが、自らの抱える問題を自国で解決できない中国は、潜在的に周辺国、とりわけ日本にとっての大いなる脅威となる。

問題は、3400万人の「余剰男」だけではない。2011年3月11日、中国社会科学院学部委員、世界政治経済学学会会長の程恩富氏は、中国の人口問題に関して重大な発言をした。程氏は中国の先進国入りについて、「総人口を5億人程度にまで減らさない限り、中国が今世紀中に先進国の仲間入りをすることは難しい」との見方を示した。その理由として、「GDPの総額の問題でなく、国民一人当たりの国力や資源占有量の問題である」と説明し、「今世紀末までに先進国並みの生活水準に達することは非常に難しい」と結論づけている。

要するに、まもなく15億人に達するはずの中国の総人口を3分の1に減らすこと、つまり10億人の人口を実際に減らしていくことを提言しているのである。しかしどう考えても、

「厳格な計画出産政策」を取っただけで、10億人もの人口が削減できるわけはない。程氏自身も指摘しているように、中国は過去30年間にわたって厳格な計画出産政策である「一人っ子政策」を実施してきたが、それによって減らされた人口は4億人程度だった。

理論的にいえば、国内で大規模な戦争でもやらない限り、10億人の人口をこの世から消して総人口を5億人に減らすようなことは不可能だ。中国が先進国入りを目指してこの目標をどうしても達成したいなら、結論的には大量の人口を中国以外の土地に送り込む以外に方法はない。

つまり、「3400万人余剰男」の「処理」を考えても、大掛かりな「植民地戦略」の推進は、中国にとって人口問題を解決するうえで必要不可欠な選択肢となるわけである。

以上は、あくまでも理論的想定と一種のシミュレーションにより、中国の抱えている深刻な人口問題と、ありうる解決法を考えてみたが、日本も含めた周辺国にとって、中国の存在と動向は深刻な脅威となりうることは覚えておくべきであろう。

終章　革命前夜
暴走時代の幕開け

2011年6月から中国で暴動が多発

本書の後半部分を執筆していた2011年6月、中国では、激動の時代の到来を予感させるような出来事が続発していた。

経済面ではインフレ率が11年の最高値を記録したり、中小企業の倒産ラッシュが起きたりと経済がおかしくなっていくなかで、社会不安を意味する暴動事件が多発するようになった。

6月に起きた暴動事件のなかでもっとも注目されたのは、6月10日からの連続3日間、中国広東省・広州近郊の町である増城《ぞうじょう》市新塘鎮での出稼ぎ労働者の暴動である。

暴動は、10日夜、四川省から来た妊娠中の露天商女性に治安要員が暴力を振るい、近くにいた同省出身の民工らが抗議したことから起きた。暴動はまたたく間に拡大、警察署などへの放火が始まった。

翌11日には、町の中心部に少なくとも数千人が集まり、警察車両など20台以上を燃やしたほか、地元政府施設などに火炎瓶や石を投げつけた。暴動は12日まで続いたが、当局は治安部隊を大量に投入することによって、力ずくで暴動を鎮圧した。しかし、それでも民衆の不満は収まらず、14日も厳戒下で緊張状態が続いていたという。

広東省増城市の騒乱が収束してまもなく、土地収用問題が引き金となって、浙江省台州市で騒乱事件が起こった。この騒乱は、市内椒江区下陳鎮日山分村の村長が6月14日、ガソリンスタンド経営者と立ち退き補償金をめぐって話し合いを行っていたところ、ガソリンスタンド従業員が村長を殴ったことが発端になったという。数千人の現地住民がガソリンスタンドを取り囲み、大きな石や砂を運び込み、道路を塞いで営業を妨害した。数千人の武装警察と警察が制圧のため現場に派遣されたことで騒ぎはいったん収まったが、16日の朝になっても現場には一部警察が残るなど、緊張感が続いていた。

同じ6月に河南省鄭州市《かなんしょうていしゅうし》でも暴動が起きた。同市窪劉村では土地徴用（土地を強制的に取り立てること）の補償をめぐり、5月から村民が抗議活動を続けていた。ところが6月12日、土地徴用を企んでいる地方政府によって雇われた数百人の暴徒が突如押しかけ、抗議活動を続ける村民に襲いかかる事件が起きた。反発した村民約400人が抗議し、警官約1000人が出動する騒ぎとなった。

6月13日には湖南省長沙市《ちょうさし》の市庁前で土地徴用に反対する抗議デモが起き、約500人が参加した。同日午後に当局が立ち退きを迫ったため、住民約1000人が集まる一触即発の事態となった。翌14日には同じ湖南省の婁底市《ろうていし》で電力会社が高圧電線塔を建てようとしたところ、住民が抗議し、暴力事件に発展した。

このように2011年6月の1カ月間だけで、確認できただけでもこれほどの暴動や騒動が中国全土で起きており、中国全体があたかも革命前夜であるかのような雰囲気となっている。

そして国内情勢が緊迫していたこの11年6月、中国政府と中国軍は対外的暴走に走り出す動きをみせていた。

政府は経済が悪化すればするほど暴挙に出る

日本の防衛省は6月8日、中国海軍の艦艇8隻が、沖縄本島と宮古島の間を通過したと発表した。2010年4月にも駆逐艦や潜水艦など10隻が同じ海域を通過し、沖ノ鳥島近くで訓練を実施した。このように中国海軍が東シナ海で遠洋訓練を常態化させたことが判明したわけだが、その翌日の6月9日、中国政府・国防部は、中国海軍の艦隊が6月中旬から下旬にかけて、西太平洋の国際海域で演習することを発表した。

それはいったい何のための軍事演習だったのか。中国共産党機関紙である「人民日報」系列の国際問題専門紙「環球時報」(電子版)は6月17日、中国海軍が最近、南シナ海で軍事演習を実施したと報じたが、それによると海軍は、中国・海南島付近の南シナ海で、国家海洋局や国境警備隊などの計14隻の駆逐艦、巡視船や2機の作戦機を出動させ、対潜水艦パトロール訓練や上陸訓練などを行ったという。演習実施の具体的な時期については明らかにしていないが、海洋権益を巡って対立するベトナムなどに対して軍事的圧力をかけることが目的であろうとみられる。

というのも6月に中国は、ベトナムと近隣する南シナ海で挑発的な行動に出たからである。ベトナム外務省は6月9日、南シナ海で同日朝、ベトナムの石油・ガス探査船が中国船3隻から妨害行為を受けたことを明らかにし、「ベトナムの大陸棚、200海里の水域内での事件」としたうえで、「主権侵害だ」と非難し、中国大使館に即日抗議し、再発防止を求めたという。

両国が南沙諸島などの領有権を争う南シナ海では、5月26日にも別のベトナム探査船が中国側による同様の妨害を受け、調査用ケーブルを切断される事件が起きたばかりである。中国の活動の活発化に対し、ベトナムが強い危機感を表明するなかでの事件再発で、緊張が一段と高まっている。

以上のように2011年6月において、中国政府と中国軍は南シナ海において、一方的に紛争を引き起こして国際的緊張感を高めているのである。南シナ海における海軍の展開は、中国がいままで進めてきた海洋制覇戦略の一環であろうが、対外的緊張感を高めようとする挑発的行動の背後にはやはり、6月における国内の経済情勢と社会情勢に対する焦りがあるのであろう。

つまり、国内で経済が行き詰まって暴動が多発し、社会的不安が拡大すると、何らかの事件を自ら作り出すことで国民の目を国内問題からそらそうとするわけだが、中国政府と中国軍はまさにこのことを意識して、南シナ海での挑発行為に走り出しているのであろう。国内の情勢が危うくなれば、対外的事件でそれを回避する。それはまた、独裁体制の常套手段でもある。

6月に中国の国内外でみられた一連の動きを吟味すると、中国を取り巻く国際情勢の今後がはっきりとみえてくる。本書で論じてきたように、まさにこの2011年から中国経済は破綻への道を歩み始め、民衆による暴動がそれを後押ししながら、中国社会は想像を越える大混乱に陥っていくのである。

そうなったときには、諸外国に対する中国政府と軍の本格的な暴走は誰にも止められないであろう。2012年を起点にして、バブル崩壊と前後する民衆の暴走と、それにともなう中国の対外的暴走がいよいよ現実となってくるのである。

このような中国にどう対処していくべきなのかについては、隣国の日本にとって真剣に考えていかなければならない最大の難題であろう。

著者略歴

石　平《せきへい》

中国問題評論家。

1962年、中国四川省成都に生まれる。

北京大学哲学部を卒業後、四川大学哲学部講師を経て、88年に来日。

95年、神戸大学大学院文化学研究科博士課程修了。

2007年に日本国籍に帰化。

2008年より拓殖大学客員教授に就任。

著書は『なぜ中国人は日本人を憎むのか』（PHP研究所）、

『私はなぜ「中国」を捨てたのか』（ワック）、

『中国の経済専門家たちが語るほんとうに危ない！　中国経済』（海竜社）など多数。

中国や日中関係の問題について、精力的にテレビ出演、講演、執筆活動を展開する。

幻冬舎新書 233

【中国版】サブプライム・ローンの恐怖

二〇一一年九月三十日 第一刷発行
二〇一一年十月十五日 第二刷発行

著者 石 平

発行人 見城 徹
編集人 志儀保博
発行所 株式会社 幻冬舎
〒一五一-〇〇五一 東京都渋谷区千駄ヶ谷四-九-七
電話 〇三-五四一一-六二一一(編集)
〇三-五四一一-六二二二(営業)
振替 〇〇一二〇-八-七六七六四三
ブックデザイン 鈴木成一デザイン室
印刷・製本所 中央精版印刷株式会社

Printed in Japan ISBN978-4-344-98234-5 C0295
せ-1-1
幻冬舎ホームページアドレス http://www.gentosha.co.jp/
*この本に関するご意見・ご感想をメールでお寄せいただく場合は、comment@gentosha.co.jp まで。

石平
【中国版】サブプライム・ローンの恐怖

リーマン・ショック後に約48兆円の財政出動をし、壊滅的な先進国の輸出を支えた中国は、その副作用でまさにバブル崩壊寸前。中国が内包する矛盾だらけの経済の実態を暴く。

小澤裕美
爆笑！ エリート中国人

八百屋で果物をかじり「味がイマイチだ」と値切るエリートや「六甲の水」を真似て「六本木の水」として売る商人など、腹をよじりながらも中国人との付き合いのコツが身に付く希有な書。

中村繁夫
レアメタル超入門
現代の山師が挑む魑魅魍魎の世界

タンタルやニオブなど埋蔵量が少ない、または取り出すのが難しい57のレアメタルをめぐって争奪戦が拡大中だ。レアメタル消費大国にして輸入大国の日本よ、今こそ動け。第一人者が緊急提言。

小松正之
これから食えなくなる魚

マグロだけじゃない。サバも、イワシも、タラだって危ない！　国際捕鯨会議のタフネゴシエーターとして知られる著者が、あまりに世界から立ち遅れた日本漁業の惨状を指摘。魚食文化の危機を訴える。

六辻彰二
世界の独裁者
現代最凶の20人

世界には金正日よりも、カダフィよりも暴虐な独裁者がたくさんいる。21世紀の独裁国家の支配者20人の素顔を暴き、緊迫する現在の国際情勢を読み解く一冊。

上杉隆　烏賀陽弘道
報道災害【原発編】
事実を伝えないメディアの大罪

安全デマを垂れ流し、多くの人々を被曝させた記者クラブ報道の罪は殺人に等しい。3・11以降、日本人が自らを守り、生き抜くためのメディアリテラシーとは何か。

森博嗣
科学的とはどういう意味か

科学的無知や思考停止ほど、危険なものはない。今、個人レベルで「身を守る力」としての科学的な知識や考え方とは何か——。元・N大学工学部助教授の理系人気作家による科学的思考法入門。

浅井宏純
アフリカ大陸一周ツアー
大型トラックバスで26カ国を行く

大型トラックバスで約10カ月。世界13カ国から集まった同乗者とともに、砂漠を縦断、ジャングルを抜け、サファリや世界遺産へ。貧しくとも、人々は明るくタフだった。命がけの冒険旅行記。

幻冬舎新書

紺谷典子

平成経済20年史

バブルの破裂から始まった平成は、世界金融の破綻で20年目の幕を下ろす。この20年間を振り返り、日本が墜落した最悪の歴史とそのただ1つの原因を解き明かし、復活へ一縷の望みをつなぐ稀有な書。

門倉貴史

イスラム金融入門
世界マネーの新潮流

イスラム金融とはイスラム教の教えを守り「利子」の取引をしない金融の仕組みのこと。米国型グローバル資本主義の対抗軸としても注目され、急成長を遂げる新しい金融の仕組みと最新事情を解説。

波頭亮　茂木健一郎

日本人の精神と資本主義の倫理

経済繁栄一辺倒で無個性・無批判の現代ニッポン社会はいったいどこへ向かっているのか。気鋭の論客二人が繰り広げるプロフェッショナル論、仕事論、メディア論、文化論、格差論、教育論。

手嶋龍一　佐藤優

インテリジェンス 武器なき戦争

経済大国日本は、インテリジェンス大国たる素質を秘めている。日本版NSC・国家安全保障会議の設立より、まず人材育成を目指せ…等、情報大国ニッポンの誕生に向けたインテリジェンス案内書。